O QUE É O KARMA?

O QUE É O KARMA?

Paul Brunton

Tradução
CLAUDIA GERPE DUARTE
CRISTINA XAVIER

EDITORA PENSAMENTO
São Paulo

Título do original: *What is Karma?*

Copyright © 1998 Paul Brunton Philosophic Foundation.

Publicado originalmente em inglês nos Estados Unidos por Larson Publications para a Paul Brunton Philosophic Foundation.

Todos os direitos reservados. Nenhuma parte deste livro pode ser reproduzida ou usada de qualquer forma ou por qualquer meio, eletrônico ou mecânico, inclusive fotocópias, gravações ou sistema de armazenamento em banco de dados, sem permissão por escrito, exceto nos casos de trechos curtos citados em resenhas críticas ou artigos de revistas.

O primeiro número à esquerda indica a edição, ou reedição, desta obra. A primeira dezena
à direita indica o ano em que esta edição, ou reedição, foi publicada.

Edição	Ano
1-2-3-4-5-6-7-8-9-10-11	03-04-05-06-07-08-09-10-11

Direitos de tradução para a língua portuguesa
adquiridos com exclusividade pela
EDITORA PENSAMENTO-CULTRIX LTDA.
Rua Dr. Mário Vicente, 368 — 04270-000 — São Paulo, SP
Fone: 272-1399 — Fax: 272-4770
E-mail: pensamento@cultrix.com.br
http://www.pensamento-cultrix.com.br
que se reserva a propriedade literária desta tradução.

Impresso em nossas oficinas gráficas.

SUMÁRIO

Introdução 7

1   O que é o Karma 15

2   Como Atua o Karma 26
O karma e a evolução interior
Aprender fazendo
Liberdade e destino
A liberdade e o meio
O karma grupal
Karma e presciência
O "timing", os ciclos, a intensidade do karma
A responsabilidade individual

3   O Karma e a Graça 73
O milagre da Graça
Invocando a Graça

4   Como Trabalhar com o Karma 91
Use seu discernimento
Oponha-se às tendências nocivas
Aceite, tolere, supere

5   O Karma e a Grande Libertação 117
Além do karma pessoal

INTRODUÇÃO

"KARMA." Atualmente uma palavra bastante familiar. Com freqüência mencionada com desdém ou ironia nos círculos mais cultos, especialmente por pessoas extremamente ativas em busca de realizações e que a associam a palavra karma à passividade ou a consideram uma desculpa para a preguiça ou o medo da responsabilidade. Às vezes ela é pronunciada com um suspiro que exprime uma real ou aparente resignação à "vontade de Deus".

Imagine minha surpresa ao saber que o karma, na verdade, está intimamente ligado às realizações. Com o poder e os resultados. Que pensar nele como um poder fora de mim significa interpretá-lo de uma maneira totalmente errada. Que tentar empreender sua atuação significa expandir seu objetivo, bem como descobrir os limites da auto-realização.

Segundo esses ensinamentos, cada um de nós possui um poder interior e um certo grau de liberdade. As conseqüências de como decidimos usar — ou não usar — esse poder repercute em toda nossa vida. Essa repercussão torna-se cada vez mais complexa à medida que a vida vai passando.

Escolhas semelhantes feitas repetidamente tornam-se tendências. As tendências tornam-se hábitos. Os pensamentos, as emoções e as ações habituais determinam, colorem e moldam nossa visão geral do mundo. Podemos começar a pensar que a maneira como as coisas parecem ser é a maneira como elas realmente são e têm de ser. Quando esse tipo de pensamento se torna um hábito, a compreensão da lei natural do karma pode ser extremamente benéfica para nós.

8 O QUE É O KARMA?

Os ensinamentos sobre o karma não afirmam absolutamente que devemos nos resignar passivamente às coisas como elas parecem ser. Eles dizem respeito à conscientização de nossa própria capacidade individual de ver mais claramente, e de agir de maneira mais profunda e efetiva. Eles também afirmam que se conseguirmos dominar a força que cria e altera os hábitos estaremos nos alinhando com a força que cria e transforma o mundo.

Compreender como o karma atua não conduz simplesmente a um egoísmo mais iluminado. O processo envolve muito mais do que apenas aprender como podemos nos tornar imunes ao mal e preservar ou promover os interesses pessoais do ego. O mais importante, e o que deve ser mais enfatizado, é que o karma não significa esconder o pouco que temos para que as coisas não se tornem ainda piores.

Compreender o karma tira-nos de nosso isolamento interior e leva-nos além das questões, tais como a da autopreservação e de como evitar a dor. Não apenas cada um de nós está se auto-realizando no sentido de que no final colhemos o que semeamos, como também, segundo os ensinamentos a respeito do karma, todo o universo é um sistema de auto-realização; sua contínua existência e atividade dependem, como a nossa, de algo infinitamente maior do que ele mesmo, do qual se origina. O sistema como um todo ganha, perde ou permanece o mesmo dependendo do que cada um de seus membros faz ou deixa de fazer. O karma, em última análise, é nossa garantia de uma participação significativa na vida do todo. Para melhor ou para pior.

Apenas de um modo secundário esses ensinamentos estão relacionados com conseqüências, com a razão pela qual colhemos o que semeamos, com o motivo pelo qual nossa vida tomou o rumo que tomou. Eles dizem respeito em primeiro lugar às causas e ao poder, e têm o propósito de nos inspirar a exercer nossa verdadeira liberdade, a *semear* o que queremos colher e a *nos* transformarmos no que achamos que o mundo mais precisa: bondade, se o mundo precisa de bondade, oportunidade, se necessita de oportunidade, ou seja lá o que mais gostaríamos de ver no mundo. Esses ensinamentos estão mais relacionados com "Aprendemos e crescemos por meio de nossas ações", no caso de nossos esforços, e menos relacionados com "A vingança é minha, disse o Senhor", no caso de nossos fracassos (embora eles também tratem disso).

Seu barco nunca chegará se você antes não lançar um outro ao mar. Para viver em um mundo melhor, todos temos que fazer a nossa parte. Por conseguinte, esses ensinamentos dizem respeito mais a ações voluntárias do que aos resultados dessas ações e, antes disso, aos pensamentos e emoções que nutrimos e que conduzem a essas ações.

⁊

Paul Brunton (que era chamado por seus amigos e alunos de P.B.) é amplamente reconhecido como um dos estudiosos mais perspicazes da sabedoria antiga no século vinte. Este pequeno livro apresenta, de forma condensada, o que ele aprendeu a respeito do karma em uma vida longa e rica de experiências, a partir da pesquisa pessoal, de incansáveis tentativas bem ou mal-sucedidas e da íntima associação com pessoas sábias ligadas às tradições sagradas do mundo inteiro. Estas expressivas jóias são extraídas de um amplo período da sua obra, que se estende de meados da década de quarenta a pouco antes da sua morte em 1981. Elas apresentam de um modo conciso não apenas a essência, como também muitos detalhes, dos ensinamentos sobre o karma como se apresentam nas tradições de sabedoria do mundo todo.

Ele nos diz, por exemplo, que a interpretação esotérica do karma "reconhece que um ser humano totalmente isolado é apenas uma fantasia da nossa imaginação, que a vida de cada pessoa está entrelaçada com a vida de toda a humanidade por meio de círculos em constante expansão de amplitude local, nacional, continental e finalmente planetária; que cada pensamento é influen-

10   O QUE É O KARMA?

ciado pela atmosfera predominante no mundo; e que cada ação é inconscientemente praticada com a cooperação da sugestão preponderante e poderosa que se origina da atividade geral da humanidade. Isso torna o karma conseqüência de *todas* essas associações mútuas, elevando-o por conseguinte do nível pessoal para o coletivo. Isso quer dizer que 'eu', enquanto indivíduo, compartilho o karma gerado por todas as outras pessoas, ao mesmo tempo que elas compartilham o meu... Nessa perspectiva mais ampla, o karma nos faz sofrer pela sociedade como um todo e, ao mesmo tempo, regozijar-nos com ela. Portanto, não podemos dissociar nosso bem-estar do bem-estar social. Precisamos escapar do isolamento interior e unir nossos interesses aos da Vida como um Todo... A situação em que nos encontramos hoje nos faz reconhecer essa desafiadora verdade em prol do nosso interesse mútuo.

Os ensinamentos do karma freqüentemente estão relacionados com os ensinamentos sobre liberdade, predestinação, graça e reencarnação. P.B. disse-me pessoalmente na primavera de 1981 que ninguém precisa aceitar a reencarnação para poder compreender o karma, e que o que a maioria das pessoas fala sobre reencarnação é enganador. Tenho a forte impressão de que se ele tivesse preparado pessoalmente este livro, teria omitido a maior parte das nossas referências à reencarnação, a fim de apresentar os ensinamentos sobre o karma da maneira mais clara possível. Pessoalmente, no entanto, não me sinto à vontade para modificar dessa maneira o que ele escreveu, de modo que essas referências permanecem como foram apresentadas. No entanto, os leitores devem ter em mente que P.B. repetidas vezes enfatizou que o karma normalmente se concretiza o mais rápido possível.

Outro ponto importante é que a escolha que P.B. fazia das palavras tornou-se cada vez mais pessoal e precisa à medida que seu entendimento foi se aprofundando no decorrer dos anos. Ele buscava constantemente maneiras melhores e mais claras de dizer as coisas, maneiras que fossem além das respostas prontas convencionais e que facilitassem aos leitores alcançar o significado essencial com menos esforço. Ele abandonou as primeiras interpretações da lei do karma como "lei das conseqüências", e passou a adotar termos como "lei da equivalência criativa", "lei da retribuição", "lei da responsabilidade individual", e assim por diante. Ele finalmente percebeu que até mesmo o termo "lei de" poderia ser mal interpretada por aqueles que entendem que o uso dessa palavra pressupõe que o karma é uma lei que podemos honrar ou infringir, escolher entre obedecer ou desobedecer. Saiba que, com apenas algumas óbvias exceções, toda essa variedade de termos refere-se ao karma e não a alguma outra "lei" ou princípio.

Da mesma maneira, a forma como ele usava a palavra karma evoluiu através dos seus escritos. Alguns falam do karma referindo-se a ações passadas; outros enfatizam que é mais sugestivo interpretá-lo como o poder dos atos e intenções presentes. As duas noções são válidas: considere as palavras no contexto das citações específicas do trecho que vem a seguir.

Vale a pena mencionar aqui uma conversa pessoal que tive com P.B. a respeito de liberdade e de predeterminação, pois a idéia não é desenvolvida neste livro de forma tão clara como será desejável. Ela também revela algo importante a respeito do karma.

Ele disse que as pessoas que defendem o livre-arbítrio estão parcialmente certas, assim como aquelas que defendem a predeterminação. Cada lado tem algo a ouvir do outro. Quando observamos com cuidado, disse ele, a vida é uma estrutura extremamente ordenada de oportunidades. Algumas dessas oportunidades são materiais, outras espirituais. Não temos nenhum controle sobre a ordem ou o momento no qual elas aparecem, mas elas são apresentadas a uma alma que é livre, a cada momento, para escolher ou rejeitar a oportunidade. Cada escolha encerra conseqüências e a vida nunca volta a nos apresentar exatamente a mesma oportunidade.

A cada momento, estamos vivendo as conseqüências de escolhas feitas anteriormente. Nesse sentido, nossa vida é predeterminada a curto prazo: as coisas que já estão em andamento precisam, de um modo geral, seguir seu curso. Em um nível mais profundo, toda a nossa interpretação do mundo — e do que nele é possível — é feita através do filtro das tendências que desenvolvemos e dos desejos que fortalecemos por meio de nossas repetidas escolhas.

Mas também somos livres para modificar o curso da nossa vida pela maneira como reagimos diante da oportunidade seguinte; assim sendo, a longo prazo, o livre-arbítrio sai vitorioso. Hoje, sinto que gostaria de ter tido a idéia de perguntar a P.B. o que ele queria dizer com "curto prazo" e "longo prazo". Quando ele falava a respeito de curto prazo, estaria pensando em meses ou anos, ou nesta vida? Mas já estou me desviando de novo da idéia principal, ou seja, o menor prazo possível.

Um elemento-chave desses ensinamentos é que a melhor maneira de aceitar ou tentar lutar contra o princípio do karma não é orar, mas sim modificar nossos pensamentos. Quanto mais melhorarmos a tendência geral do nosso pensamento, melhor se tornará nossa vida externa. As escolhas que hoje fazemos alteram ou confirmam, em última análise, o curso da nossa vida. Longe de nos aprisionar, o karma na verdade garante nossa liberdade de determinar grande parte daquilo que seremos no futuro.

Tudo isso parece aceitável quando nos sentimos fortes, mas e quando isso não acontece? O que dizer dos momentos em que cavamos um buraco tão fundo que temos a impressão de que nunca conseguiremos sair dele? E o que dizer também das ocasiões em que as coisas correm tão mal que parece impossível revertê-las? Ou quando uma ação negativa ou insensata dá origem a ações sucessivas do mesmo tipo, criando uma série delas, interminável e sem perspectiva? Ou ainda quando o desespero priva você ou seus entes queridos de qualquer oportunidade de um recomeço ou de uma vida sem grandes obstáculos?

Contudo as notícias são boas: há uma relação entre karma e Graça. Veja a nota a respeito de Jesus e Buda (pp. 75-76) e folheie o Capítulo 3. Talvez você queira lê-lo algumas vezes. Seu conteúdo pode parecer bom demais para ser verdade. Graças a Deus (literalmente) não é.

Finalmente, o que dizer das poucas pessoas para quem a liberdade significa algo completamente diferente? Que não estão satisfeitas em pensar na liberdade como uma escolha entre essa mansão ou aquela choupana, entre essa alegria do ego ou aquela dor também centrada no ego? Aquelas pessoas cansadas de todo tipo de vida baseado na separatividade do ego e que anseiam pelo estado natural do espírito, por uma serenidade bem estruturada, que não se abala com tristezas, alegrias, júbilos, dores profundas ou aborrecimentos de cada dia? O que o karma significa para elas?

Lembram-se de que foi mencionado na página 11? "Algumas oportunidades são materiais, outras espirituais." A escolha permanece, as conseqüências diferem. Aprendemos que até mesmo a tendência de nos identificarmos com os interesses limitados do eu pessoal é um hábito reforçado ou enfraquecido dependendo de quão livremente escolhemos nos entregar a ele ou rejeitá-lo. Os capítulos 4 e 5 nos dão uma idéia do que significa optar pelo que liberta o espírito, exercendo ao mesmo tempo a incrível liberdade que nós, ajudados pelo karma, finalmente um dia usaremos com sabedoria.

PAUL CASH

1

O QUE É O KARMA

É absurdo tratar o karma como se fosse uma exótica fantasia oriental. Ele é simplesmente a lei que torna cada um de nós responsável pelas próprias ações e nos coloca na posição de ter que aceitar os resultados por elas gerados. Podemos chamá-la de lei da responsabilidade pessoal. O fato de ela estar associada à teoria da reencarnação não a invalida, pois podemos, com freqüência, vê-la em ação em nossa encarnação atual.

❧

O sentido literal da palavra karma é "fazer", o que significa na prática que o karma de uma pessoa é responsabilidade dela. Nós nos tornamos o que somos hoje em virtude de nossas ações — o termo karma em sua atribuição original inclui as ações mentais. O karma é simplesmente o poder da Mente Universal de realizar ajustes, restabelecer a harmonia e produzir um equilíbrio compensatório. O resultado, na esfera da conduta humana, é que de algum modo, em algum lugar e em algum momento, tudo que fazemos sempre acaba voltando para nós. Nenhuma ação se esgota durante sua execução; ela sempre tem conseqüências que retornam inexoravelmente a quem a praticou. O karma é uma força autopropulsora. Ninguém, humano ou sobre-humano, precisa colocá-la em ação.

❧

16 O QUE É O KARMA?

Esse ensinamento não nos transforma em apáticos fatalistas, assim como não permite que nos tornemos vaidosos individualistas. Também não oferece nenhuma desculpa para deploráveis fraquezas, e nem favorece virtudes ilusórias. O que ele faz é nos incutir uma visão equilibrada de nossas possibilidades, uma visão sensata de nossa capacidade.

◆

Os materialistas pintam um quadro terrível do universo, como se ele fosse uma imensa prisão na qual nosso destino, nossos pensamentos e atos são totalmente determinados pelo ambiente físico que nos cerca. Entre os orientais, aqueles mais ignorantes vivem aprisionados em um mundo onde se movem indefesos de um lado para o outro — prisioneiros da predestinação divina. O karma rejeita essas duas sombrias proposições e nos confere uma liberdade suficiente para moldar a nós mesmos e ao nosso ambiente. No decorrer de nosso desenvolvimento influímos negativamente em nosso ambiente ou o enriquecemos, ajudamos ou atrapalhamos a natureza, e o inverso também é verdadeiro. O karma não diz que devemos ficar parados como pedintes maltrapilhos diante das portas do destino. Nosso livre-arbítrio passado é a origem de nosso destino atual, assim como nosso livre-arbítrio atual será a origem de nosso destino futuro. Por conseguinte, entre os dois, o fator mais poderoso é a nossa vontade. Não existe portanto espaço nem para o fatalismo nebuloso, nem para o excesso de confiança. Nenhum de nós pode escapar da responsabilidade pessoal com relação à formação da nossa perspectiva interior e do nosso ambiente externo, colocando a culpa em alguma coisa ou pessoa. Todos aqueles que enfrentam obstáculos deveriam beber uma taça do vinho da inspiração das mãos de Beethoven — o grande compositor. Ele, que buscava ouvir os mais sutis acordes da música, ficou totalmente surdo. Ele, que dedicou toda a sua vida a criar composições melódicas para os outros, certo dia tornou-se incapaz de ouvir as próprias obras. Esse fato o desapontou mas não o desencorajou. Ele enfrentou o problema com bravura no coração e declarou: "Enfrentarei o destino; ele nunca me abaterá!" Ele prosseguiu seu trabalho, oferecendo ao mundo coisas maiores e mais grandiosas, pois o que aprendeu no sofrimento ele ensinou na música.

❦

O karma é uma lei dupla que possui uma parte geral e outra específica. A primeira é básica e se aplica a tudo o que existe no universo, pois nada mais é do que a lei da continuidade de cada ente individual. Seja esse ente um planeta ou um protoplasma, ele precisa necessariamente herdar as características da sua existência anterior, ajustando assim o efeito à causa. A segunda é imediata, e só se aplica às pessoas que alcançaram a autoconsciência, limitando desse modo o início de suas operações aos seres humanos. Isso torna a pessoa responsável pelos pensamentos e pelas ações decorrentes desses pensamentos.

❦

O universo não poderia existir do modo como é se não fosse sustentado por uma espécie de equilíbrio que o mantém unido, um tipo de ordenação equilibradora, como o girar da Terra sobre seu eixo e dos planetas ao redor do Sol. Se refletirmos um pouco, perceberemos o mesmo princípio na relação eqüitativa dos seres humanos com a Mente-do-Mundo [Deus] e entre eles mesmos. Neste caso, esse princípio se apresenta como o karma.

❦

Seria um erro separar o karma do poder universal e tratá-lo como uma força independente. Esse erro é responsável pela dificuldade na interpretação do seu papel de promover as manifestações do cosmos. Melhor seria considerar o karma como um aspecto de Deus e inseparável Dele, ou como uma das maneiras pelas quais a presença de Deus se manifesta.

⳦

Não é possível compreender a verdadeira natureza do karma se o considerarmos um poder extrínseco ao eu que impõe de modo implacável suas leis para que a elas nos submetamos integralmente. Pelo contrário, em virtude do fato de o mundo todo ser mental, ele é uma força que atua em todas as coisas e em todas as pessoas. Isso leva à clara conclusão de que aquilo que nos acontece é decorrente da vontade secreta de nosso ser mais interno. A partir desse ponto de vista, os sofrimentos que tenhamos de suportar não são, em última análise, um mal em si, mas apenas um mal no sentido imediato, e o que parece ser uma força externa e implacável é na verdade uma força interna, consciente e purificadora.

⳦

O sentido correto da palavra "karma" é ação voluntária por meio do corpo, da palavra e da mente. Ela não inclui os resultados dessa ação, especialmente os que causam ou influenciam a reencarnação. Isso passou a ser incluído nos conceitos populares, mas representa um emprego incorreto do termo. O karma é a causa transformada em ação pela vontade e, de modo nenhum, o efeito. O termo "Lei da Retribuição" não é, portanto, correto e uma melhor definição se faz necessária.

⳦

Talvez seja melhor chamar a lei da retribuição de lei da reflexão. Isso se deve ao fato de que toda ação é refletida e volta a quem a praticou, todo pensamento é refletido e volta à sua origem, como se estivesse diante de um enorme espelho cósmico. Talvez a idéia da retribuição contenha uma implicação moral excessivamente forte e, por conseguinte, um significado por demais limitado para ser o equivalente correto da palavra "karma".

❧

A lei das conseqüências não é basicamente uma lei ética: seria mais apropriado dizer que ela possui um aspecto ético.

❧

É incorreto e pouco científico referir-se ao karma como sendo uma lei. O karma não é uma lei a ser obedecida ou desobedecida e tampouco um código penal para os que não agem corretamente. Ele é apenas o princípio das conseqüências inevitáveis.

❧

O karma na esfera da conduta humana nada mais é do que o caráter. Temos realmente tanto livre-arbítrio quanto necessitamos. Se não aproveitamos as oportunidades que nos são oferecidas por sermos excessivamente cegos para reconhecê-las, a culpa é apenas nossa. Se iniciamos uma ação que é em princípio superficialmente vantajosa, porém em última análise profundamente contrária aos nossos interesses, e ela acarretar toda uma série de outras ações indesejáveis, não devemos nos lamentar da crueldade do karma e sim da nossa falta de inteligência. Aqueles que têm o hábito de cultivar a autopiedade poderão encontrar no karma um conveniente bode expiatório, mas a verdade é que os padrões éticos e as qualidades mentais da humanidade são os fatores ocultos que predeterminam nosso destino. O karma não é uma idéia que deva embotar nossa mente ou paralisar nossas mãos. Ele encerra um valor positivo e uma influência regeneradora ao despertar tanto nas nações como nos indivíduos a noção da responsabilidade ética, induzindo-os a curar voluntariamente as feridas causadas por erros passados.

❧

A ética dos séculos anteriores era baseada em um medo vago de um Deus que provavelmente existia; a ética atual fundamenta-se em uma completa indiferença por um Deus que não existe. A primeira tinha como conseqüência uma certa repressão na conduta, e a segunda resulta em uma total liberação. A ética do futuro será baseada em um entendimento racional do poder do karma, a lei da responsabilidade pessoal, o que irá gerar um controle correto da conduta. Pois, quando contemplamos as limitações da vida causadas pelo ambiente, pelos prazeres não buscados e os inevitáveis infortúnios, passamos tranqüilamente a perceber o poder do karma.

❧

Encontramos no karma a chave para muitos enigmas da história contemporânea. Trata-se de uma doutrina que nos adverte de que preparamos grande parte de nossa condição atual por meio de nossos pensamentos e ações, tanto durante vidas anteriores, quanto no decorrer da encarnação atual. A doutrina aplica-se à história de povos inteiros, assim como a cada indivíduo. Seu corolário é que nosso caráter e nossa mente estão ativos através dos tempos; alguns são antigos e possuem a rica experiência de um respeitável passado, mas a maioria é jovem, imprudente e indisciplinada. A lição que a doutrina encerra é que tendências mutáveis do destino coletivo e do individual não deixam de ter um sentido. Pelo contrário, essas mudanças nos convidam a uma reflexão filosófica para que possamos compreender de que modo deveres negligenciados ou más ações praticadas são a origem oculta de nossos problemas. Aqueles que compreendem de forma correta o princípio do karma, que não o interpretam erroneamente como um destino externo que independe de nós e o considerem uma força originalmente posta em movimento por nossas ações, também entendem o importante papel que o sofrimento desempenha na vida humana. Ele é mais educativo do que punitivo. O castigo merecido é na verdade uma forma grosseira de educação. As pessoas sensatas extraem lições do seu sofrimento e decidem não cometer a mesma transgressão ou o mesmo erro uma segunda vez.

*

O karma, por ser resultado da vontade humana, está sujeito à modificação por parte dos homens. O destino, por ser determinado pelo poder superior, não está. O fato geral da morte é um exemplo de destino e nesse sentido a frase do poeta James Shirley: "Não existe armadura contra o destino", é verdadeira. No entanto, as circunstâncias particulares da morte, ou seja, a hora e a forma como ela irá acontecer, podem ser alteradas.

*

Mesmo que seja verdade que o curso da vida é predeterminado, isso não significa necessariamente que ele seja preestabelecido de modo arbitrário. Os aspectos bons e maus de nosso caráter, o desenvolvimento ou não de nossas habilidades e as decisões tomadas irrefletidamente ou de maneira racional são os fatores determinantes de nossa vida. Existe uma inevitável equação entre conduta e conseqüência, entre pensamento e ambiente, entre caráter e destino. E isso é o karma, a lei da equivalência criativa.

*

Os processos da imaginação são intermináveis e incessantes. O fato de que uma idéia deve dar origem a outra é inerente à mente em virtude do caráter dinâmico da própria mente. O karma é a lei que liga as duas.

⁊

O karma possui um caráter duplo. Um não pode ser alterado por nada que o espírito humano possa arquitetar e o outro pode ser modificado por meio de pensamentos e ações contrários ou por meio do arrependimento e da oração. O karma negativo não pode ser eliminado sem o arrependimento moral, embora possa ser modificado pela sagacidade.

⁊

Existe um fator importante e decisivo entre o significado original do karma e aquele que veio a lhe ser atribuído no decorrer do tempo... Pois embora o karma tenha adquirido o significado de que a vida das pessoas é predeterminada e moldada para elas desde o momento em que são concebidas antes do nascimento até serem cremadas após a morte, seu significado original era simplesmente de que a pessoa não poderia escapar das conseqüências dos seus pensamentos e atos habituais. Significava que o sucesso ou o fracasso na vida estão em grande parte em nossas mãos, que a alegria ou a tristeza acompanham inevitavelmente a virtude ou o erro.

⁊

A habilidade, a ambição, a oportunidade ou a herança, que possibilitam às pessoas entrarem na posse de riquezas, são em si produto do karma dessas pessoas.

⁊

O presente chega até nós vindo do passado e o futuro está sendo criado no presente. Os três estão interligados... Essa é uma das mais antigas idéias encontradas na cultura humana, ou seja, a noção de que a vida do homem está sujeita a um poder superior, que cada um de nós é pessoalmente responsável por suas ações perante uma lei superior e que não podemos evitar uma punição por nossas más ações ou uma recompensa pela retidão de nosso caráter. Os estóicos da antiga Roma tinham essa idéia e a denominavam Sina. Os platônicos da Grécia antiga tinham essa mesma idéia e a chamavam de Destino. E os indianos, em sua maioria budistas e hinduístas, a tinham, e ainda têm, e a denominam Karma.

✍

Quando a revelação de Idéia-do-Mundo chegou aos místicos religiosos, eles só conseguiram chamá-la de "Vontade de Deus". Quando ela chegou aos gregos, eles a denominaram "Necessidade". Os indianos deram o nome de "Karma". Quando seus ecos foram ouvidos pelos pensadores científicos, eles a chamaram de "Leis da Natureza".

✍

Qualquer pessoa com olhos para enxergar é capaz de ver que o universo revela que obedece a uma ordem inteligente e inteligível. Não foi um capricho arbitrário que um dia criou o mundo. Não é o caos que o governa desde então. Há um verdadeiro significado, uma lei estrita, uma genuína coerência, há um movimento de evolução que vai da pedra à flor, do animal ao ser humano, através de níveis cada vez mais elevados de integração na vida universal. Quando isso é entendido, também é possível compreender que o karma não é simplesmente uma lei pela qual se herda impressões prévias ou se produz novas, ou uma justiça moral retributiva, mas também algo muito mais abrangente. Trata-se de uma lei eterna que tende a ajustar a ação individual à ação universal. Ela trabalha para o universo como um todo para manter suas incontáveis unidades em harmonia com seu próprio equilíbrio integral. A retribuição apenas insere-se nessa atividade como um pequeno círculo concêntrico insere-se em um maior. Os resultados da existência de cada pessoa, a herança do pensamento e ação de cada ser humano, precisam ser controlados para que, em última análise, obedeçam à ordem maior do próprio cosmos. Cada parte está ligada ao todo. Tudo, portanto, tende à suprema retidão. É realmente reconfortante perceber que o universo possui um equilíbrio tão significativo em seu núcleo secreto.

✍

A interpretação esotérica do karma reconhece que um ser humano totalmente isolado é apenas uma fantasia da nossa imaginação, que a vida de cada pessoa está interligada com a vida de toda a humanidade por meio de círculos em constante expansão de amplitude local, nacional, continental e finalmente planetária; que cada pensamento é influenciado pela atmosfera mental predominante no mundo; e que cada ação é inconscientemente praticada sob a influência da sugestão predominante e poderosa conferida pela atividade geral da humanidade. As conseqüências do que cada um de nós pensa e faz correm como um afluente para o rio maior da sociedade, juntando-se ali à água de inúmeras outras fontes. Esse fato torna o karma resultante de *todas* essas associações mútuas, elevando-o, por conseguinte, do nível pessoal para o coletivo. Isso quer dizer que "eu", como indivíduo, compartilho o karma gerado por todas as outras pessoas, enquanto elas compartilham o meu. Existe, no entanto, uma diferença entre a parte que nos cabe, no sentido de que "eu" recebo a parte *maior* dos resultados das minhas próprias ações praticadas no passado e uma porção menor das ações do restante da humanidade.

Daí minha afirmação de que nem todo sofrimento é merecido, mas, por outro lado, acontecimentos positivos também nos chegam como compensação. Mesmo que devido à interdependência da humanidade tenhamos que sofrer o que não merecemos, é igualmente verdade que em virtude dessa mesma interdependência podemos receber do bom karma geral benefícios que não conquistamos pessoalmente. Assim, essa operação coletiva do karma é como uma espada de dois gumes que corta dos dois lados: um deles é doloroso e o outro agradável. A visão esotérica coloca uma nova face sobre a forma popular da doutrina e ela tem sido de um modo geral mantida em segundo plano simplesmente porque as pessoas estão mais interessadas no seu bem-estar pessoal do que no bem comum...

Vivemos em comum com os outros, pecamos em comum e devemos ser redimidos em comum. Essa é a última palavra, talvez desalentadora, para aqueles que prejudicam seus semelhantes, porém animadora para os que foram prejudicados. Nessa perspectiva mais ampla, o karma nos faz sofrer pela sociedade como um todo e alegrar-nos com ela. Por conseguinte, não podemos separar o nosso próprio bem-estar do bem-estar social. Precisamos escapar do isolamento interior e unir nossos interesses aos da Vida como um Todo. Não é preciso existir antagonismo entre classes, nações e raças, nem ódio e discórdia entre grupos diferentes, sejam esses grandes ou pequenos. Todos são, em última análise, essencialmente interdependentes. A separação deles é uma ilusão tão grande quanto a separação dos indivíduos, mas somente a filosofia e a história demonstram essa verdade. A situação em que todos nos encontramos hoje exige o reconhecimento dessa desafiadora verdade em prol do nosso interesse mútuo.

2

COMO ATUA O KARMA

Não há nenhum ser sobrenatural e externo que arbitrariamente administre ou controle as recompensas ou as punições kármicas. Somos nós mesmos que inconscientemente produzimos suas sementes; quando um momento favorável se apresenta, elas germinam e produzem seus frutos.

❧

Não se trata de nenhum anjo, deva ou deus misterioso e suprafísico que intervenha pessoalmente e manipule o karma como um apresentador de teatro de marionetes que puxa os cordões dos bonecos suspensos; o karma é parte do equilíbrio do universo e traz um retorno, deixa uma marca, possibilitando que cada reação ocorra de acordo com seu próprio impulso inicial.

❧

A ação do karma determina a relação entre efeitos complexos e causas complexas.

❧

Se no final — e algumas vezes bem antes — você sentir os efeitos do karma sobre você, isso não será sempre necessariamente doloroso; o termo não precisa preocupá-lo, pois o bem que você teve intenção de praticar e praticou também irá gerar um bom retorno.

Ninguém está livre de dificuldades em determinados momentos ou de conflitos em outros. As dificuldades provêm do elemento destino, inerente à liberdade humana; os conflitos originam-se do egoísmo presente nas relações humanas.

Por desconhecer a ação do karma e seus efeitos, kármicos, o ego se opõe a ela e provoca grande parte de seus próprios problemas.

Atraímos o futuro por meio de nossas aspirações. Sofremos as conseqüências de nossos pensamentos, sentimentos e ações. A natureza não tem nenhum favoritismo; ela nos dá aquilo que merecemos.

Embora o karma seja determinado pelo que a pessoa efetivamente faz, ele também é formado pelo que ela pensa e sente com intensidade.

Quando você finalmente for chamado a prestar contas ao karma, você será julgado não pela opinião positiva ou negativa de outras pessoas a seu respeito, mas sim por seus sentimentos, por suas intenções e ações.

A lei da compensação *não* mede suas recompensas e punições segundo a escala das limitadas mentes humanas.

Nem sempre a máxima utilização das faculdades do raciocínio pode fornecer soluções para todos os diversos aspectos de uma situação. Existem alguns que somente a intuição consegue captar — o fator kármico, por exemplo. Isso explica as previsões erradas feitas por pessoas possuidoras de um raciocínio altamente desenvolvido mas que, em contrapartida, não desenvolveram o mesmo grau de intuição.

Você atrai acontecimentos e ambientes, em parte em função do que você é e faz (karma individual), em parte em decorrência do que você precisa e busca (evolução) e em parte de acordo com o que a sociedade, raça ou nação da qual você é membro é, faz, precisa e busca (karma coletivo).

Há uma punição espiritual para cada desvio de conduta intelectual e moral, quer haja uma punição terrena ou não. No primeiro caso, a pessoa deixa de conhecer a verdade; no segundo, deixa de encontrar a felicidade.

O karma expressa-se por meio de acontecimentos que podem parecer acidentes. Mas isso é assim apenas na aparência.

As coisas acontecem de acordo com sua natureza. A Idéia-do-Mundo registra esses fatos de maneira secreta e, em retorno, reflete os resultados apropriados. E o que acontece com as coisas também acontece com as pessoas. Cada um de nós soa uma nota no universo e o universo nos responde no mesmo tom.

O karma lhe dá o que você em grande parte fez por si mesmo; ele não lhe dá o que você prefere, mas às vezes é bem possível que ambos coincidam. Ao mesmo tempo que você é, em parte, o causador dos seus problemas, você também pode atrair para si, pelo poder da mente, sua boa sorte.

Se a parte do destino que lhe foi reservada determinar que você realize uma tarefa ou missão específica, então por mais que você permaneça em um retiro isolado, ela fará você sentir uma compulsão interior que no momento certo o obrigará a sair desse isolamento e o conduzirá novamente ao cenário público. Mesmo que você não desejasse essa tarefa, nem pensasse nela durante todos os anos anteriores, ainda assim, você terá de obedecer a essa força interior inesperada, a essa ordem avassaladora que nada mais é do que a voz do destino que se faz ouvir dessa maneira. Sim, paradoxalmente, cada um de nós carrega seu destino dentro de si. O karma não precisa enviar nenhum advogado para defender sua causa.

Forças oriundas de suas encarnações passadas aparecem e o impelem na direção de certas decisões, ações e atitudes.

A teoria da eterna recorrência de Ouspensky é ao mesmo tempo verdadeira e falsa. Nós nos repetimos e repetimos as circunstâncias, mas sempre em um nível diferente. Trata-se de uma espiral, não de um círculo. Um acontecimento ou período da vida corresponde a um anterior, mas não é idêntico a ele. O futuro é semelhante ao passado, mas não o copia. A espiral não o leva de volta de maneira idêntica ao mesmo eu ou ao mesmo trabalho: ela o conduz ao que a ele corresponde em um nível diferente.

♋

Nossos sofrimentos externos são símbolos e sintomas de nossas falhas internas, pois cada sofrimento que você mesmo criou, cada mal que você consentiu é algo que poderia ter sido evitado. Não depende inteiramente de você, mas em grande parte, a quanto os acontecimentos podem atingi-lo. Se você conseguisse destruir seu egoísmo de um só golpe e tivesse percepção para transpor a barreira que encobre uma longa série de causas e efeitos, descobriria que metade dos seus problemas externos deriva de falhas e fraquezas de caráter interno. Cada vez que você manifesta as características inferiores do seu caráter, você provoca o reflexo delas nos acontecimentos externos. Sua raiva, inveja e ressentimento, se forem suficientemente fortes e mantidos por algum tempo, acarretarão problemas, inimizades, atritos, perdas e desapontamentos.

♋

Não são os números das casas que determinam a sorte ou a falta dela. Se você teve uma série de dificuldades em uma determinada casa, não é culpa do número dela e sim do seu karma. Seu mau karma tinha de ser cumprido durante aquele período, e isso teria ocasionado experiências desagradáveis, mesmo que você tivesse ocupado uma casa totalmente diferente com um número completamente distinto. Mas um bom karma pode eventualmente manifestar-se e mudar de alguma forma seu destino para melhor. Volte então à mesma casa que certa vez lhe trouxe tristeza. Você descobrirá que dessa vez isso não acontecerá. Seu suposto número de azar não mais lhe trará sofrimento.

❧

Nem todas as possibilidades kármicas estão presentes na consciência ao mesmo tempo; algumas ainda têm que passar da condição potencial para a cinética.

❧

As pessoas deveriam ser alertadas de que causa e efeito governam na esfera moral da mesma maneira que na científica. Elas deveriam ser treinadas desde a infância a levar em conta esse princípio. Deveriam ser ensinadas a sentir-se responsáveis por gerar causas que podem provocar sofrimento, atrair dificuldades ou levar à frustração.

❧

Existe uma relação inevitável entre nossos principais pensamentos e ações, e as principais experiências de nossa vida. E isso se manifesta onde é menos esperado — na esfera moral. Nossas más ações geram sofrimento, não apenas para os outros mas principalmente para nós mesmos, ao passo que nossas boas ações trazem um retorno de um destino favorável. Não podemos escapar da atuação dessa lei sutil de responsabilidade moral. A causa é o topo de uma roda cuja base é a conseqüência. Isso é verdade tanto individual como coletivamente. Quando, por exemplo, uma nação passa a acreditar que é falso o conceito de certo e errado, está fadada à destruição. Tivemos a oportunidade de testemu-

32   O QUE É O KARMA?

nhar esse fato na nossa época no caso da nação alemã. A lei moral não é uma fantasia da imaginação humana; é uma realidade divinamente estabelecida.

❧

A falácia moral que leva um povo a pensar que pode construir a própria felicidade à custa da infelicidade de outros povos só pode ser destruída pelo conhecimento da verdade do karma.

❧

O pensamento tende a ser criativo e, mais cedo ou mais tarde, produz frutos kármicos no seu ambiente. Essa afirmação também é verdadeira no que diz respeito à sua vida moral. Nesse caso, nem sempre é necessário que seus pensamentos se traduzam em ações para gerarem karma. Se forem bastante intensos e se prolongarem por um período suficiente, eles acabarão por trazer resultados correspondentes até mesmo nas circunstâncias externas. Esse ponto pode ser mais bem esclarecido por meio de um exemplo prático. Se você deseja com persistência a morte de uma pessoa, e mesmo que por medo das conseqüências você não tenha coragem de assassiná-la, seus pensamentos direcionados para isso um dia retornarão a você de forma equivalente. Você poderá sofrer uma morte violenta, ser vítima de um acidente fatal ou contrair uma doença que seja tão corrosiva para seu corpo quanto seu ódio foi para o seu caráter. Assim, embora não seja efetivamente culpado de cometer um assassinato, você sofrerá um castigo físico por *ter pensado* em assassinato.

Por razões semelhantes, o hábito doentio de cultivar pensamentos negativos pode levar a condições doentias do corpo. O médico pode ver corretamente a causa física imediata dessa condição, mas não enxergar a causa principal que é mental e que pode ser a raiva desmedida, o ódio mórbido, o medo exagerado, a luxúria imoderada ou o despeito contumaz. Naturalmente, não devemos concluir de maneira ilógica que todo aquele que sofre de uma doença esteve pensando de uma maneira negativa no passado ou no presente. O corpo possui suas próprias leis de defesa que não podem ser impunemente transgredidas, embora a maior parte das transgressões ocorra em geral por pura ignorância.

Tudo isso é possível porque a base da existência é mentalista. O fator criativo no processo kármico é a própria mente. Por conseguinte, uma mudança mental é necessária para que a ação do karma sobre nós seja alterada de forma radical e favorável.

❧

Por acaso existe alguma família rica e invejada que não possua uma história oculta de desgraça e sofrimento? Quem não conhece alguma família que tenha ao menos dois ou três casos de tragédias em sua história? Talvez você tenha descoberto, como muitos já o fizeram, nestes dias sombrios, que a vida encerra misteriosas e poderosas influências kármicas que estendem mãos nefastas para destruir coisas a que você se dedicou de coração; que permitem que você tenha sucesso e depois o destroem diante dos seus olhos; que aniquilam a saúde e talvez a vida daqueles que estão próximos a você e lhe são caros. Seu coração já deve ter sangrado em silêncio.

Criamos nosso fardo de sofrimento latente quando nossas ações ferem os outros e damos origem às mais amargas e extremas conseqüências quando emitimos pensamentos de ódio. As forças da luxúria, da ganância e da raiva são cegas, e quando não controladas, desenfreadas e sem direção conduzem a humanidade a inúmeras dificuldades e desgraças kármicas.

O fogo pode ser usado para assar o alimento ou para queimar alguém na fogueira. O fogo em si não é mau, mas a maneira como ele é usado pode ser boa ou má; e isso, por sua vez, depende dos impulsos existentes no coração da pessoa, das tendências que ela trouxe de vidas passadas. Por conseguinte, os poderes maléficos são, afinal, nossos próprios maus pensamentos. O mundo será libertado do mal quando as pessoas libertarem sua mente. A mente é o agente por meio do qual a ação do karma é realizada. Não há necessidade de invocar um ser sobrenatural extracósmico para explicar de que maneira se dá a retribuição das ações.

✍

A lei da retribuição não é a única a nos impelir na direção do pensamento, sentimento e conduta corretos. Em um plano mais elevado, existe o Eu Superior. Mesmo que não houvesse recompensa para o bem e punição para o mal, seja aqui na Terra ou em algum outro plano, ainda assim, parte da nossa suprema felicidade seria expressar a compaixão que vem por intermédio do Eu Superior e que é nosso mais puro atributo.

✍

Suas ações irão, por sua vez, influenciar as ações de outras pessoas.

✍

Os seres humanos *são* utilizados como instrumentos para causar sofrimento a outros e eles *de fato* o fazem em razão da maldade humana. As duas afirmações são corretas. Elas são complementares e não contraditórias como poderíamos pensar. O destino naturalmente busca uma pessoa perversa que queira fazer o mal ou uma tola que possa ser levada a agir emocionalmente por algum tempo ou ainda uma impulsiva capaz de fazer em um instante algo de que irá se arrepender por anos. O destino, quando tem de causar sofrimento a alguém, não irá perder tempo procurando pessoas excepcionalmente boas e sábias para realizar isso.

Os erros decorrentes de uma vida não voltada para essa meta mais elevada e de uma mente que não tem nenhum interesse em partilhar a consciência do Eu Superior silenciosamente acarretam conseqüências tanto no decorrer da existência terrena, quanto na vida após a morte.

Os pecados por omissão são karmicamente tão importantes quanto os pecados por ação. Aquilo que deveríamos ter feito mas não fizemos também conta como algo que cria karma.

A omissão deliberada também traz uma conseqüência kármica. Existe aí uma decisão oculta de *não* agir, sendo portanto uma forma de ação!

A tentativa de livrar-se do karma pode ser, por si só, parte do karma.

O estudo da retribuição (karma) revela que as pessoas têm de pagar não apenas pelo que fizeram de errado, mas também pelo que deixaram de fazer. Essa negligência deve-se em grande parte ao fato de que a perspectiva extremamente individualista das pessoas faz com que elas avaliem o caráter dos acontecimentos basicamente em função da maneira como eles afetam a sua própria existência e deixem num segundo plano o modo como eles afetam a grande família humana à qual pertencem. Todos trabalhamos numa tarefa comum. Esta é a inevitável conclusão a que se chega tão logo a verdade da unidade orgânica da humanidade é compreendida.

❧

Existe um claro dever nesta era de interdependência de *ajudar* ativamente o lado certo. O sofrimento do mundo deve-se em grande parte ao karma. Necessitamos, porém, de uma interpretação mais ampla dessa palavra. Muitos de nós podemos ser bons e inocentes, mas temos de sofrer com todos os outros, não pelo que fizemos, e sim pelo que deixamos de fazer. Hoje, a dor não poupa ninguém. Isso acontece porque a humanidade é totalmente interligada. Esta é a lição que temos de aprender: ao deixarmos que outros permaneçam no sofrimento ou na ignorância estamos causando nossa própria desgraça. Somos todos um.

❧

As impressões kármicas coletivas surgem espontaneamente na Mente-do-Mundo. Isso se deve ao fato de nunca ter havido uma época em que elas não existissem porque, embora sua forma possa mudar, elas são tão eternas quanto a própria Mente-do-Mundo. Com efeito, elas são parte de sua natureza. Daí constituírem um sistema de auto-ativação. Como não podemos estabelecer uma data para o início nem para o fim da vida de Mente-do-Mundo, precisamos portanto nos abster da tentativa ilógica de determinar um início ou um fim para o universo. Além disso, a Mente-do-Mundo não *criou* o mundo; ela apenas forneceu a base para a sua existência, o receptáculo para as suas forças potenciais que agem mutuamente, a matéria-prima para as suas manifestações kármicas gerais e o princípio vital para as suas atividades em constante movimento que ocorrem espontaneamente. No entanto, não devemos cair no erro de achar que essa visão faz do universo uma mera máquina, pois como a base, o receptáculo, as forças e a matéria são mentais, o mundo também é uma atividade mental e não apenas um movimento mecânico na matéria.

⁂

A misteriosa ação do karma, essa força que molda as condições de cada núcleo de existência, desde a célula protoplasmática ao vasto cosmos, deve agora ser revelada. Se o mundo nada mais fosse além de um conjunto de objetos materiais, o karma jamais poderia manifestar-se. Mas porque ele é, como mostra o mentalismo, um conjunto de formas-pensamento e porque existe a Mente-do-Mundo como uma base unitária ligando todas essas formações, a possibilidade do karma como força operativa efetivamente existe. O karma não teria sentido se não houvesse um tipo de continuidade ordenada entre o passado, o presente e o futuro de todas as coisas e criaturas que formam a vida universal. Mas isso implica que a natureza deve manter e conservar algum tipo de memória em seu âmago secreto.

Se cada indivíduo mantém um registro da sua própria história, por que deveria parecer fantástico que o mesmo acontecesse com a Mente-do-Mundo? E como sua existência é inseparável do cosmos manifestado, ao fazer isso, ele também preserva um registro todo-abrangente da história do universo. Nenhum pensamento, acontecimento, objeto, cena ou figura jamais foi completamente perdido. Daí se conclui que as memórias dos planetas, estrelas e nebulosas extremamente remotos no espaço e no tempo ainda estão preservadas. Mas a imaginação humana precisa afastar-se das infindáveis conseqüências dessa verdade, pois suas limitações frustram sua própria atividade. E como a memória não é um objeto que os sentidos possam alcançar e sim algo totalmente imaterial, isso também envolve a existência de algo mental. Um princípio mental que é cósmico no que diz respeito ao espaço e permanente no que diz respeito ao tempo é, e nada mais pode ser, senão a própria Mente-do-Mundo. Assim, a origem do

38   O QUE É O KARMA?

fundamento de todo o trabalho do karma pode ser encontrada na Mente-do-Mundo. O surgimento, a permanência e a dissolução do karma são, com efeito, uma função concomitante à sua ideação.

ℐ⊱

Uma única luz se reflete em um milhão de fotos, cada uma diferente das demais. Uma única Mente-do-Mundo reflete-se em um milhão de pessoas, cada uma diferente de todas as outras. E assim como os objetos no universo passam a existir pelo poder do karma, o mesmo acontece com as pessoas. A nova criatura emerge na existência universal da mesma maneira que uma nova coisa, ou seja, trazendo para o presente toda a antiga bagagem kármica que, por sua vez, é o resultado de uma existência ainda anterior. O indivíduo e o mundo surgem juntos no mesmo momento vindos de um passado que os acompanha. Seus karmas estão associados aos da existência universal e não aparecem de forma separada ou subseqüente. Ambos entram em atividade sincronicamente. Quando a energia da Mente-do-Mundo se manifesta, ela adquire um caráter duplo e tanto o universo quanto as pessoas nascem ao mesmo tempo. O universo não se manifesta antes, nem os indivíduos, mas ambos conjuntamente. Colocando as coisas de outra maneira, quando as ondulações do karma se propagam pela Mente-do-Mundo, elas se deslocam ao mesmo tempo pelo universo e pelo indivíduo e atuam da mesma maneira.

ℐ⊱

O karma, por ser a memória cinética da natureza, está necessariamente ligado ao poder imaginativo dela.

ℐ⊱

Assim como um imponente carvalho teve certa vez uma existência invisível e intangível num pequeno fruto ou a suave fragrância de uma flor branca teve uma existência inodora na minúscula semente, também a Terra, as estrelas e o Sol que vemos hoje à nossa volta tiveram uma existência imaterial na forma germinal que o karma havia armazenado na memória da Mente-do-Mundo. Cada corpo que brilha no firmamento com suas características particulares e distintas, e cada criatura que o habitou com seus desejos, tendências e capacidades foram memorizados pelas maravilhosas faculdades da Mente-do-Mundo. Daí se vê que a memória desempenhou um poderoso papel na criação do mundo que conhecemos.

❧

É por meio de processos kármicos que agem mutuamente que esse universo pôde manifestar-se. A Mente-do-Mundo não produz imagens gerais do mundo por um decreto arbitrário, e sim pela continuidade natural dessas imagens como resultado de todas as que existiram anteriormente. Elas são a continuação de todas as imagens do mundo de que se tem lembrança que apareceram anteriormente, porém modificadas e desenvolvidas por meio de sua própria mútua interação e evolução, e não pelo decreto caprichoso de um Deus humanizado. A Mente-do-Mundo cria o universo pensando nele de forma construtiva, mas não arbitrária. Os pensamentos surgem espontaneamente regidos por uma estreita lei kármica e evolutiva. Deve-se enfatizar que de acordo com essa perspectiva o universo constitui um sistema autopropulsor, embora seja preciso igualmente compreender que o sistema em si depende da Mente-do-Mundo para a continuidade de sua existência e ininterrupta atividade. Todas as forças kármicas e formas-pensamento levam avante suas mútuas atividades, entrelaçam-se, interagem e evoluem espontaneamente na presença da luz do Sol. Mas é a essa presença que elas devem seu sustento e sua existência.

O karma e a evolução interior

Enquanto cumpre seu propósito, o karma não pode deixar de cumprir outro propósito ainda mais elevado; ele nos traz tudo que é essencial para o nosso desenvolvimento.

❧

Nem tudo o que nos acontece é necessariamente kármico no sentido de que o tenhamos merecido. Também pode ter uma origem não-kármica. Os acontecimentos podem não ter sido causados por nenhum ato físico de nossa parte, mas são aquilo de que necessitamos naquele momento para nosso caráter ou capacidade, evolução ou transformação. Em ambos os casos, os acontecimentos são predeterminados. Nesse sentido, são a vontade de Deus.

❧

A liberdade da vontade humana tem seus limites. No final, ela precisa adaptar-se aos propósitos evolutivos da Idéia-do-Mundo. Se passado um determinado tempo ela não o faz voluntariamente, então esses propósitos invocam o poder do sofrimento e obrigam o ser humano a adaptar-se.

❧

Há momentos em que, para sua evolução interior, seu ego precisa ser subjugado, e você pode então curvar-se sob o peso de acontecimentos desagradáveis ou de reflexões melancólicas.

❧

Se sua evolução assim exigir, você será atormentado por problemas, para que se torne menos apegado ao mundo, ou por doenças, para que fique menos apegado ao corpo. Não é tanto uma questão de receber o merecido destino, mas sim de satisfazer aquela necessidade evolutiva. Em geral, ambas coincidem, embora nem sempre, nem necessariamente. Tampouco isso acontece com a pessoa comum com a mesma freqüência com que acontece com aquelas que aderiram à busca espiritual, pois estes pediram um desenvolvimento mais acelerado ou oraram por ele.

✍

Algumas falhas de conduta e fraquezas de caráter são de fato incorrigíveis? Dê a si mesmo um tempo suficiente, isto é, um número suficiente de vidas, e você será incapaz de resistir à mudança e à transformação, ou seja, incapaz de resistir à Idéia-do-Mundo. Deus é vontade na linguagem religiosa.

Aprender fazendo

Viver não é tentar fazer as pessoas felizes ou infelizes e sim tentar fazê-las entender. A felicidade ou infelicidade delas advêm de elas conseguirem ou não alcançar esse entendimento.

✍

Acredito no amor, e não no ódio, como força motriz para a transformação. Ao mesmo tempo, vejo o karma em ação, punindo os egoístas e os insensíveis, e sei que ele inexoravelmente fará seu trabalho não importa o que possam dizer. Deus nunca comete um erro e este universo é governado por leis perfeitas. Lamentavelmente, o sofrimento é um dos seus principais instrumentos de evolução e, de modo especial, no caso em que as pessoas não conseguem aprender pela intuição, pela razão ou por intermédio de instrutores espirituais.

As pessoas que habilmente tentam prejudicar os outros, no final prejudicam a si mesmas, pois rejeitam o princípio do amor em seus relacionamentos, princípio esse que faz parte das leis superiores estabelecidas para o nosso desenvolvimento, e devem ser punidas por tê-lo rejeitado.

O karma na verdade é neutro, embora para o observador humano sua atuação possa parecer recompensadora ou punitiva.

Não enfrentamos certos problemas ou experiências frustrantes durante a vida sem que haja uma razão particular para isso. Se nos dispusermos a conhecer o motivo, podemos sair vitoriosos da experiência e fortalecer nosso caráter, ou então podemos permitir que a experiência nos domine e enfraqueça nosso caráter. É-nos dada a oportunidade de melhorar nossa capacidade de pensamento, julgamento, vontade e intuição por meio de um grande número de experiências diversas. Estas, quando corretamente conduzidas, podem se tornar mais eficazes para que passemos de um ponto de vista inferior para um mais elevado. Devemos extrair as lições de cada experiência, sejam elas dolorosas ou agradáveis, como um escritor o faria à cata de elementos para uma história.

Quando tomamos conhecimento do resultado de nossas ações, temos a oportunidade de perceber o valor das idéias que nos levaram a praticá-las. Em outras palavras, a experiência trará responsabilidade, se o permitirmos, o que por sua vez trará o desenvolvimento.

O destino é moldado de maneira a dar às vezes às pessoas o que elas desejam, para que elas um dia, por meio dessa experiência, aprendam a avaliá-la mais eqüitativamente. Elas têm, então, a oportunidade de ver o lado desfavorável da experiência, que o desejo freqüentemente as impede de ver. Em outros casos, o destino é organizado de forma a agir em sentido contrário, impedindo a realização dos desejos. Assim, é dada às pessoas a oportunidade de aprender que não estamos aqui apenas para uma satisfação limitada e egoísta, mas também, e principalmente, para satisfazer os propósitos maiores da vida como estabelecidos na Idéia-do-Mundo.

As religiões que ensinam que o destino não é importante ou não existe, nunca poderão conduzir à verdadeira felicidade, pois, como já ouvimos falar anteriormente, são exemplo de um cego conduzindo outros cegos. O destino existe e é sensato encarar e reconhecer esse fato. A simples recusa em fazê-lo de modo nenhum o limita. Ele está presente, e por mais que oremos ou nos concentremos, ele não deixará de existir, pois isso ocorre em benefício da humanidade — para nossa educação ética e intelectual — e porque, enquanto vivermos neste mundo, não poderemos atingir esse objetivo sem a ajuda do destino.

Ao fazer um balanço de sua boa ou má sorte, as pessoas geralmente esquecem-se de incluir os valores éticos que foram adquiridos por meio de cada experiência. Mas, quando tivermos alcançado um certo grau de entendimento desses assuntos, automaticamente perceberemos a veracidade da responsabilidade pessoal, não apenas como um dogma intelectual, mas também como uma sincera convicção.

As evidências apresentadas pelos que fazem objeção à lei da retribuição, alegando que indivíduos impiedosos adquirem poder e riqueza arruinando a vida de outras pessoas, não anulam nem comprovam a veracidade dessa lei. A felicidade ou o bem-estar dessas pessoas não podem ser adequadamente julgados em função apenas da conta bancária ou posição social delas. É preciso também examinar as condições de sua saúde física e mental, de sua consciência no estado de sono, bem como de seu relacionamento familiar. É preciso também considerar a próxima encarnação delas. Então, e somente então, será possível julgar corretamente a presença ou a ausência da lei.

Não evoluímos com facilidade do pior para o melhor ou do melhor para o ainda melhor. Lutamos para abandonar nossas imperfeições à custa de dificuldades e de árduos sacrifícios. O mal disso não é apenas aparente, nem está, em essência, em conflito com o amor divino. Seja o que for que no final nos ajude a caminhar em direção à realização de nossa natureza divina, mesmo que doloroso, é bom, e seja o que for que nos atrapalhe, mesmo que prazeroso, é mau. Se um sofrimento tende a levar para esse resultado, ele é realmente um bem, e se uma alegria retardá-la, ela é realmente um mal. É por não acreditarmos nisso que nos queixamos da presença do sofrimento e da tristeza no plano divino e da ausência da misericórdia na vontade divina. Não sabemos onde está nosso verdadeiro bem, e quando seguimos cegamente o ego, o desejo, a emoção ou a paixão, nós o deslocamos e colocamos em seu lugar um bem atraente e ilusório. Por conseguinte, perdemos a fé na sabedoria de Deus, exatamente no momento em que ela está se manifestando e nos ressentimos da indiferença de Deus, justamente quando Ele nos está demonstrando uma enorme consideração. Enquanto não reunirmos coragem suficiente para abandonar nossa atitude egoísta e irrefletida, juntamente com as idéias erradas sobre o bem, o mal, a felicidade e a infelicidade que dela resultam, continuaremos a prolongar e a multiplicar desnecessariamente nossos problemas.

Imagine o que aconteceria à mão que entrasse acidentalmente em contato com o fogo, se seu dono não tivesse um sistema nervoso que o avisasse do perigo, fazendo-o sentir dor. A mão seria totalmente destruída e a pessoa nunca mais poderia usá-la. Nesse caso, a dor da queimadura, por mais intensa que fosse, atuaria na verdade como um amigo disfarçado, se conseguisse convencer a pessoa a retirar a mão do fogo. Na medida em que o sofrimento protege a vida física, ele se justifica no esquema universal das coisas. E o que dizer da proteção da vida moral? A dor ocupa um lugar no estágio evolutivo atual da nossa existência ética que é raramente menos e muitas vezes mais útil do que o lugar ocupado pelo prazer. No entanto, nosso egoísmo nos deixa cegos para esse fato. Mesmo que seja para nos tirar do estado de letargia no qual muitos de nós habitualmente caímos, a dor terá valido a pena. Platão ressaltou que é uma infelicidade o homem que merece ser punido escapar do castigo. Afinal, o castigo poderá fazê-lo reconhecer que cometeu um erro, purificando assim seu caráter. Uma vez mais, é por meio da dor que a crueldade, o orgulho e a luxúria do homem podem ser dominados, pois dificilmente eles chegam a corrigir-se apenas por palavras. A dor infligida ao sentimento exagerado do "eu", pela ação da retribuição kármica, por exemplo, não é na verdade uma punição maior do que a dor infligida por um cirurgião ao abrir um abscesso.

Quando a vida de uma pessoa não se desenvolve conforme ela havia planejado, sua mente torna-se confusa e a insegurança furtivamente a invade. É então que o Eu Superior toma pela mão o homem ambicioso, para que ele aprenda, por meio da frustração e do desapontamento ocasionado pelo novo ciclo de mau karma, as lições que não poderia receber por meio do sucesso e do triunfo.

❧

A ligação subconsciente entre os erros cometidos e o sofrimento deles decorrente nos faz sentir inseguros e constrangidos quanto mais os praticamos.

❧

O egoísmo insensível é um investimento que tem um mau retorno, pois significa que na hora da necessidade não haverá ninguém para nos ajudar e na hora da aflição, ninguém para nos consolar. O que damos, recebemos de volta.

❧

A pessoa egoísta e cruel, que prejudica os outros para poder subir na vida, receberá uma punição severa no momento certo.

❧

O cervo que jaz mortalmente ferido pelo tiro do caçador não é capaz de perguntar à Vida por que ele deve sofrer desse modo, mas o homem que jaz mortalmente ferido pelo tiro de um assassino *é*, sem dúvida, capaz de fazê-lo.

❧

A roda da vida gira sem parar pelos mais diversos tipos de experiências e estamos infelizmente presos a ela. No entanto, quando afinal conseguimos compreender o que está acontecendo e adquirir controle sobre isso, somos libertados.

O ferro do caráter humano transforma-se em aço temperado na fornalha incandescente dos problemas.

Liberdade e destino

Não devemos supor que somos tão indefesos quanto poderia parecer. Grande parte do nosso destino foi criada por nós mesmos no passado. Nós o criamos, portanto podemos ajudar a modificá-lo. O destino nos controla mas, por outro lado, nosso livre-arbítrio tem algum controle sobre ele. No entanto, isso só será verdade na medida em que aprendermos as lições da experiência e exercitarmos criativamente esse livre-arbítrio.

Não podemos aceitar nem a atitude arrogante dos ocidentais que acreditam ser os senhores da vida, nem a atitude de desesperança dos orientais que se consideram vítimas dela. A primeira atitude supervaloriza a criatividade humana e a segunda a subestima. A primeira acredita que é possível banir todos os males da humanidade e a segunda os considera irremediáveis.

Quando permitimos que a crença no destino paralise toda a atividade e bloqueie toda a coragem, ela deve ser reexaminada. Quando a crença no livre-arbítrio nos leva a uma arrogância egoísta e a uma ignorância materialista, nesse caso também ela deve ser reexaminada.

48   O QUE É O KARMA?

✍

As antigas discussões a respeito do destino e do livre-arbítrio são no final bastante inúteis. É possível demonstrar que somos totalmente livres para nos aperfeiçoarmos e melhorarmos nosso ambiente, mas também é possível demonstrar o contrário. Isso acontece porque *ambos* os lados da questão estão presentes e devem ser incluídos em qualquer avaliação da situação humana. A Idéia-do-Mundo torna certos acontecimentos e circunstâncias inevitáveis.

✍

Se analisarmos o significado das palavras em vez de usá-las com negligência, descobriremos que, no caso do "livre-arbítrio", o termo com freqüência dá uma idéia totalmente oposta àquela que deveria ser dada. Onde está a verdadeira liberdade das pessoas escravas de suas paixões e apetites? Quando expressam o que acreditam ser sua vontade, elas estão na verdade manifestando a vontade dessas paixões e apetites. Enquanto os desejos, as paixões, o ambiente, a hereditariedade e as sugestões externas forem a verdadeira fonte de nossas ações, onde estará o nosso verdadeiro livre-arbítrio? Se não nos libertarmos dos desejos, nossa vontade não será livre. A não ser que encontremos nosso verdadeiro eu, não conseguiremos achar nossa verdadeira vontade. É preciso primeiro compreender o problema do destino *versus* livre-arbítrio para que ele possa então ser solucionado. E não podemos alcançar esse entendimento enquanto mantivermos nossa costumeira abordagem superficial em vez de realizarmos a abordagem semântica, bem mais rara. Nossa vontade é livre, mas somente de forma relativa.

✍

Não existe liberdade completa mas, por outro lado, também não existe ausência total dela. Existe um livre-arbítrio limitado, uma liberdade entre fronteiras. A filosofia considera, como base dessa liberdade da raça humana, tanto a inteligência que existe em nós quanto o Espírito Divino do qual a inteligência se origina.

※

A doutrina materialista do "determinismo" é uma mistura de verdade e falsidade. Ela aponta corretamente para o fato de que nossa vida é determinada por acontecimentos e circunstâncias externas, porém erroneamente nos priva da liberdade de reagir como desejaríamos diante desses acontecimentos e circunstâncias. Ela não é de modo nenhum verdadeira no que diz respeito à escolha moral.

※

Podemos perguntar se existe algum ponto ao longo do nosso percurso em que realmente temos a oportunidade de optar entre dois caminhos, de fazer o que efetivamente queremos. Nossa liberdade reside no fato de sermos livres para escolher entre um ato e outro, mas não entre as conseqüências decorrentes desses atos. Podemos reivindicar nossa liberdade interior, não importa qual seja nosso futuro exterior. Podemos determinar nossos objetivos na vida, escolher em que queremos acreditar, formar nossas próprias idéias, nutrir desejos e expressar aversões como bem desejarmos. Na esfera do pensamento e do sentimento, da ação e da reação, o livre-arbítrio é em grande parte nosso.

※

A escolha entre o certo e o errado só pode existir onde a vontade é livre para fazê-lo. Os seres humanos não são nem responsáveis nem livres, declara o determinismo materialista. Se alguém é, ou torna-se, um criminoso, a culpa é do ambiente, da hereditariedade ou da sociedade — não do indivíduo. O determinismo espiritual, o karma (retribuição), não nos confere uma autorização tão ampla para cometermos um crime. Ele afirma que cada um de nós foi e é, em parte, autor do próprio caráter e, por conseguinte, do próprio destino.

∞

Quando afirmamos a existência do livre-arbítrio, estamos implicitamente defendendo a existência do destino, pois as indagações sobre a maneira como a idéia de liberdade surge na mente revelam que ela sempre surge conjugada à idéia de destino. Se uma delas é rejeitada, a outra também o é.

∞

Parte do destino de cada vida é resultado do karma passado, mas parte é decorrente do livre-arbítrio se este for exercido. Nem tudo o que acontece na nossa vida é kármico, pois pode ser criado por nossas ações atuais.

∞

Quem quer que imagine que todas as suas ações resultam inteiramente de uma escolha pessoal, quem quer que tenha a ilusão de possuir um total livre-arbítrio está cego e fascinado pelo próprio ego. Não percebe que houve momentos em que lhe foi impossível agir de outra maneira porque não havia alternativa. E essa impossibilidade ocorreu porque existe uma lei que organiza as circunstâncias ou apresenta uma situação de acordo com um padrão inteligível. O karma, a evolução e a tendência individual do pensamento são as principais características desse padrão.

∞

Nossa vida poderia ter seguido um curso muito diferente se não tivéssemos casualmente encontrado uma determinada pessoa. O fato desse encontro ter provocado importantes conseqüências fornece material para mirabolantes especulações. Costuma-se dizer que o destino às vezes está preso por um fio sobre um emaranhado tão grande de circunstâncias que o jogo de especular como as coisas poderiam ter sido diferentes se uma delas tivesse sido mudada é inútil, porém fascinante.

✍

O destino de uma pessoa pode depender inteiramente de um único acontecimento, decisão ou circunstância. Essa causa única pode ser significativa para todos os anos subseqüentes.

✍

A vontade do karma não poderia prevalecer em uma determinada parte de nossa vida e não em outras, nem se manifestar em um acontecimento especial e não em outros. Ela não poderia atuar aqui e não ali, no passado e não agora. Tampouco, indo além, poderia ela se limitar apenas aos assuntos de maior e não aos de menor importância. A vontade do karma deve estar sempre presente ou jamais estar presente. Caso ela introduza uma porção maior do destino nas coisas que nos acontecem, fazendo o homem ocidental sentir-se pouco à vontade, devemos nos lembrar da outra faceta da verdade, da inteligência criativa e divina existente no mais profundo do nosso ser e do grau de liberdade que a acompanha.

✍

A lei da retribuição não tem poder sobre o eterno e individual Eu Superior, o verdadeiro ser; somente sobre o corpo e a mente, o ego transitório.

52   O QUE É O KARMA?

*

Aqueles que refutam a doutrina do destino autodeterminado, que defendem uma absoluta liberdade da vontade, precisam mostrar de que maneira o livre-arbítrio pode mudar os resultados de um assassinato. Pode ele devolver a vida ao cadáver ou salvar da morte o criminoso? É ele capaz de eliminar a infelicidade da esposa do homem assassinado? Pode ele fazer desaparecer a sensação de culpa da consciência do assassino? Não — tudo isso inevitavelmente decorre do ato praticado.

*

A ênfase excessiva em algumas crenças como astrologia, por exemplo, pode fazer com que você deprecie ou até mesmo esqueça completamente suas possibilidades criativas. As duas posturas são oscilações extremas do pêndulo. A astrologia baseia-se na perspectiva do karma no que diz respeito às tendências e ações. A liberdade de decisão repousa na necessidade evolutiva de permitir que cada pessoa expresse a criatividade que ela recebe do Eu Superior. Você precisa unir os dois fatores para descobrir a verdade.

*

A liberdade existe em seu coração, ou seja, em seu Eu Superior. O destino existe em sua vida exterior, ou seja, em sua personalidade. E como cada ser humano é uma combinação desses dois seres, nem a posição fatalista absoluta, nem a do total livre-arbítrio são completamente corretas e a vida exterior também deve ser um misto de liberdade e destino.... Nenhuma ação é inteiramente livre nem totalmente predeterminada; todas apresentam esse caráter duplo.

*

A hereditariedade, a educação, a experiência, o karma (tanto o coletivo quanto o pessoal), o livre-arbítrio e o ambiente conspiram para moldar a forma externa bem como a estrutura interna da vida que temos de viver. Tecemos nosso próprio destino, mas o tipo, a cor e a qualidade do fio que usamos nos são impostos por nossos pensamentos e atos passados. Em resumo, nossa existência possui um caráter semi-independente, semipredeterminado.

⚘

O karma nos traz os resultados de nossas próprias ações, mas estes estão inseridos na Idéia-do-Mundo, que é a lei suprema e determina o curso das coisas.

⚘

A liberdade de cada pessoa chega até um certo ponto e depois é cerceada pelo destino. Além desse limite, a pessoa é tão indefesa quanto um bebê e nada pode fazer.

⚘

As tragédias gregas mostram como sucessivos acontecimentos podem voltar-se contra uma pessoa por ordem de um poder superior — o destino. Elas mostram como a vontade humana é impotente para evitar catástrofes e desastres quando a vontade universal aponta na direção oposta.

⚘

Somente quando os planos pessoais obtêm a aprovação do destino é que eles podem se concretizar.

⚘

O que é determinado por um poder superior deve necessariamente acontecer, mas o que você faz por si mesmo pode ser modificado ou desfeito. O primeiro tem origem fora do seu ego pessoal, o segundo deriva de seus próprios erros. A vontade evolutiva da sua alma faz parte da natureza das coisas, mas as conseqüências de suas próprias ações permanecem, ainda que de forma restrita, sob seu controle.

⁂

Se fosse verdade que toda ação que você pratica e tudo o que lhe acontece fosse predeterminado em todos os aspectos, a anulação de sua responsabilidade moral que necessariamente se seguiria seria desastrosa, tanto para a sociedade, quanto para você mesmo.

⁂

A teia do karma vai se estreitando ao seu redor à medida que o número de vidas aumenta com o passar dos séculos ou afrouxa-se à medida que o ego vai se tornando mais desapegado.

⁂

Da maneira um tanto misteriosa com que os desígnios do destino se mesclam ao livre-arbítrio surge o resultado final.

⁂

Livre-arbítrio *versus* destino é uma controvérsia antiga e inútil, puramente artificial e, por conseguinte, insolúvel da maneira como é normalmente apresentada. Eles não são antagônicos e sim complementares. Não estão em oposição. O sábio combina os dois. Na ausência do conhecimento dos fatores do karma e da evolução, toda e qualquer discussão sobre esse tema é irreal, superficial e ilusória. Como seres espirituais, possuímos livre-arbítrio; como seres humanos, não. Isso explica toda a questão.

Você pode tentar desafiar o destino, mas ele o atingirá, a menos que você tenha libertado seu espírito. O que está destinado a acontecer, paradoxalmente ocorre mediante o exercício do livre-arbítrio.

A liberdade e o meio

Cada um de nós vive em uma determinada época da história e, durante esse período, ocupa um certo lugar (ou determinados lugares). Por que aqui e agora? Procure a resposta na lei das conseqüências, a lei que estabelece a ligação entre uma vida terrena e as anteriores.

É inverídica a afirmação de que somos fruto de nosso meio. O correto seria afirmar que o ambiente que nos cerca pode nos condicionar, ajudar ou atrapalhar, mas essa é apenas uma meia verdade. Temos dentro de nós uma consciência que, de modos diversos, independe de todas as influências ambientais e, às vezes, se opõe radicalmente a elas. Desde o nosso primeiro dia na Terra, possuímos latentes certas preferências e aversões, tendências a determinada linha de pensamento e ação mais do que a outras, cuja soma, à medida que elas se revelam e desenvolvem, constitui nossa personalidade. Naturalmente, tal processo necessita de um certo tempo. A hereditariedade biológica contribui com algo bastante definido para esse resultado, mas a contribuição das encarnações anteriores é bem maior.

O meio ajuda a trazer à tona as qualidade inatas da pessoa ou a impedir a manifestação delas, mas não cria essas qualidades. Se criasse, gênios poderiam ser encomendados em qualquer escola ou ateliê.

🙠

O ambiente nocivo não *cria* o mau caráter. Ele o faz emergir e estimula seu desenvolvimento. As fraquezas já se encontravam presentes na pessoa de forma latente.

🙠

Embora seja verdade que as pessoas fortes ou prudentes governam seu destino e controlam as circunstâncias, é igualmente verdade, e freqüentemente não levado em conta, que a força e a prudência necessárias para essa realização vêm de dentro, são mais inatas do que adquiridas.

🙠

As pessoas comuns não são nem tão heróicas nem tão angelicais e logo descobrem que sua alma não é capaz de pairar acima das circunstâncias e que seus nervos são indubitavelmente afetados pelo ambiente.

🙠

Você pode estar predestinado a viver em um determinado ambiente, mas a maneira como você permite que ele o afete não é predeterminada.

🙠

As pessoas que encontramos, as situações que enfrentamos e os lugares que visitamos podem ser extremamente importantes mas, no final, são menos importantes do que nossos pensamentos a respeito deles.

ℰ

Cada pessoa que passa por nossa vida por certo tempo, ou com ela se envolve em algum ponto, é para nós um canal que, sem se dar conta, traz bem ou mal, sabedoria ou insensatez, felicidade ou infelicidade. Isso acontece porque estava destinado a acontecer — de acordo com a lei da retribuição. No entanto, o quanto essas pessoas irão afetar nossos assuntos externos depende, em parte, do que permitimos e de nossa aceitação ou rejeição da influência que as palavras, a conduta ou a presença delas têm sobre nós. Em última análise, somos nós os responsáveis.

ℰ

Se uma pessoa conseguir sair da sujeira, desconforto e ignorância de uma favela para a limpeza, a cultura e a vida refinada, podemos interpretar esse fato como a atuação favorável do karma e da reencarnação ou como o poder dessa pessoa de dominar o ambiente. No entanto, outros que não conseguem a mesma coisa podem acreditar que a sorte está contra eles ou ainda que lhes falta capacidade. Vemos, portanto, que algumas pessoas vislumbram uma mensagem de esperança quando lêem a biografia dos vencedores, ao passo que outras só sentem frustração e até mesmo desespero. Pode haver um componente de verdade em ambas as perspectivas, mas a sua intensidade varia de pessoa para pessoa.

ℰ

As pessoas que nascem em berço de ouro podem ter grandes talentos sem jamais usá-los. Seus talentos podem morrer com elas, por nunca terem sido estimuladas pela necessidade. Recursos insuficientes ou moderados podem oferecer incentivo. Quanto maior a pobreza, maior o incentivo. Isso pode parecer uma dura verdade, porém para algumas pessoas é uma realidade.

$\mathscr{C}\!\!\!\!/$

Quer você nasça na extrema miséria ou na grandeza palaciana, no final você atingirá o nível *espiritual que lhe é próprio*. O ambiente reconhecidamente tem o poder de ajudar ou prejudicar, mas os antecedentes do Espírito são ainda mais poderosos e *independem por completo do ambiente*.

O karma grupal

O karma não se aplica apenas a indivíduos, mas também a grupos, tais como comunidades, cidades, países e até mesmo continentes. De qualquer forma, não podemos nos separar do restante da humanidade. Todos estão interligados. As pessoas podem iludir a si mesmas, como quase todas fazem, pensando que podem viver a própria vida ignorando os outros, porém mais cedo ou mais tarde a experiência revela que estão erradas. Todos somos, em última análise, uma *única* grande família. Isso é o que a reflexão sobre a experiência nos ensina. Quando refletimos sobre a Verdade, acabamos por aprender que, como Eu Superior, somos todos uma única entidade — como os braços e as pernas de um só corpo. O resultado disso é que cada um de nós tem de considerar o bem-estar dos outros tanto quanto o seu próprio, porque o karma está em ação não apenas para ensinar ao indivíduo, mas também para toda a humanidade a lição final e mais elevada de sua unidade. Quando essa idéia é aplicada à guerra mais recente [Segunda Guerra Mundial], vemos que ela foi em parte (apenas em parte) o resultado da indiferença dos povos mais ricos para com os mais pobres, das nações bem governadas para com as mal governadas, do sentimento isolacionista que prega que se nosso país está bem, é lamentável o fato de outros se encontrarem em situação difícil, mas que isso é problema deles. Em resumo, não há verdadeira prosperidade e felicidade para qualquer nação, enquanto um de seus vizinhos for pobre e infeliz; cada um é guardião de seu irmão.

A ação da retribuição (uma parte da lei do karma) também afeta aqueles que estão estreitamente ligados à pessoa cujos atos ou pensamentos a originaram.

O karma não é e nunca poderá ser uma questão puramente individual. A sociedade como um todo cria a favela que gera o criminoso. Se a sociedade o censura por seus crimes, ele pode, por sua vez, recriminar a sociedade por tornar possível seu caráter criminoso. Por conseguinte, a sociedade deve também compartilhar com ele, embora em um grau menor, a responsabilidade kármica por seus crimes.

Quando todo um povo enactreda por um mau caminho, ele atrai o sofrimento para sua purificação e iluminação. Enquanto o egoísmo governar a sociedade, ela estará sujeita a sofrimentos. Enquanto as nações mostrarem-se indiferentes às dificuldades de outras nações, mais cedo ou mais tarde elas compartilharão essas dificuldades. Um povo rico não pode fugir da responsabilidade parcial por recusar ajuda a povos mais pobres, nem uma nação poderosa por tolerar a perseguição de outras, nem ainda uma raça agressiva por dominar à força raças mais fracas. As guerras mundiais ilustraram amplamente essas verdades.

60 O QUE É O KARMA?

❧

Se quisermos entender o que vem acontecendo no mundo, precisamos primeiro entender que o karma das nações e dos continentes é a causa oculta do sofrimento do planeta.

Uma nação surge da soma de todos os indivíduos que nela habitam. Você é uma das pessoas cujo pensamento e conduta ajudarão a formar o karma de sua nação. O tema do destino coletivo é muito complicado porque se compõe de um número muito maior de elementos do que o do destino individual. A pessoa que nasce em uma determinada nação precisa compartilhar tanto o destino geral dessa nação quanto o seu karma individual. Se, entretanto, ela decidir retirar-se desse país por vontade própria e migrar para outro, passará a compartilhar um novo destino coletivo que deverá, sem dúvida, modificar o seu próprio e nele irá colocar sua marca, quer melhorando-o, por oferecer a essa pessoa mais oportunidades, quer tornando-o pior.

Existe um karma nacional coletivo que gradualmente se desenvolve e depois se materializa. Quando um grupo de várias pessoas vive e trabalha junto, quer em um país, quer em uma cidade, elas pouco a pouco criam para si mesmas um destino nacional ou municipal que terão de assumir. Às vezes o resultado é bom, outras é mau, mas em geral é uma mistura de ambos. Por conseguinte, encontramos na história coisas tais como o destino das nações e das raças.

❧

Nenhuma nação pode escapar da responsabilidade coletiva por aceitar suas próprias regras e políticas, idéias e ações, padrões e adesões.

❧

A pessoa que aceita doutrinas, cumpre ordens e legalmente obedece, transfere a responsabilidade para a organização da qual é membro. No entanto, essa tentativa não é válida. O karma não é apenas coletivo mas também individual. A pessoa, enquanto indivíduo, não pode escapar dele.

❧

Você tomou inconscientemente uma decisão. Ela está implícita na sua obediência à doutrina do grupo que você segue e na fé que você partilha com ele. Mesmo assim você é responsável e cria um karma pessoal.

❧

Se Alexandre é enaltecido por ver expandida a civilização grega para o Oriente, até a Índia, simplesmente invadindo outros países, então os generais Flaminius, Sulla e Mummius também devem ser louvados por difundir a civilização romana simplesmente invadindo a Grécia. Existe entre os dois fatos uma ligação kármica.

❧

As grandes catástrofes, como os terremotos e as inundações, arrastam centenas de pessoas para a morte, mas, aqui e ali, algumas sobrevivem porque seu destino é diferente. Esses casos muitas vezes ocorrem por milagre; essas pessoas são de repente chamadas para outro lugar ou protegidas por uma ocorrência aparentemente fortuita. Desse modo, o destino individual, quando difere do destino coletivo ou nacional, pode salvar a vida de uma pessoa, enquanto outras são atingidas.

❧

A história nos mostra claramente que, em certos períodos, surgem pessoas especiais para inspirar ou instruir os demais. Trata-se de homens e mulheres predestinados.

Se você estudar a história e analisá-la por si mesmo, em vez de aceitar as teorias livrescas de cegos historiadores, descobrirá que o surgimento das grandes revoluções entre os seres humanos — sejam elas espirituais, sociais, militares ou intelectuais — sempre estiveram em sincronia com o aparecimento e a atividade de grandes personalidades.

É absurdo afirmar que um único ser humano *faz* a história de uma época. Ele é a reação encarnada chamada a cumprir seu papel pelo destino de sua época e pelos pensamentos daqueles entre os quais ele foi lançado.

O destino confere a tais pessoas uma fé ilimitada no seu futuro, forma seu caráter e molda a capacidade que lhe permite levar a cabo uma tarefa histórica na evolução humana.

Karma e presciência

Levando em conta um determinado conjunto de características de uma pessoa, com freqüência o psicólogo será capaz de predizer como ela provavelmente irá agir em uma determinada situação.

Muitos acontecimentos na vida de uma pessoa ou de uma nação são previsíveis, mas apenas se permaneceram inalteradas as tendências de pensamento e o curso das ações existentes.

Alguns acontecimentos futuros são inevitáveis, seja porque provêm das ações de pessoas que não conseguem corrigir o caráter, melhorar a capacidade ou aprofundar o conhecimento, seja porque derivam do padrão fundamental da Idéia-do-Mundo e das leis que ela determina para governar a vida física.

❧

O que irá acontecer a cada um de nós no futuro não é totalmente fixo e inevitável, embora seja a seqüência lógica do nosso passado conhecido e desconhecido. Esse futuro ainda não está nem determinado nem cristalizado, sendo, portanto, passível de ser modificado até certo ponto. Isso pode ser em parte determinado pelo grau do nosso conhecimento prévio daquilo que provavelmente irá acontecer e das medidas tomadas para evitar esse desfecho. No entanto, a habilidade de nos esquivarmos desses acontecimentos não é suficiente, pois ela sempre está sujeita a ser invalidada pela vontade do Eu Superior.

❧

Acredito em presságios. Uma pequena e leve superstição que permito a mim mesmo é que o início de um acontecimento encerra um significado bastante auspicioso para mim.

❧

É preciso fazer uma advertência a respeito das previsões astrológicas, pois elas devem ser encaradas com muita reserva. Todo astrólogo comete erros, freqüentemente erros terríveis, porque o conhecimento pleno dessa ciência perdeu-se na era moderna e dele temos apenas conhecimento parcial hoje em dia.

❧

Existe o perigo de que as previsões negativas também possam atuar como sugestões, influenciando o mental e o emocional das pessoas e produzindo efeitos físicos que cumprem as previsões.

*

O horóscopo só indica o futuro para as pessoas comuns e nunca se pode tornar uma certeza total para os espiritualmente despertos, pois sempre que alguém se encontra sob a proteção da Graça Divina, essa pessoa pode se libertar do karma pessoal passado, quer direta, quer indiretamente por intermédio de um instrutor, em qualquer momento que a Vontade Divina assim o determine. A vontade é livre porque o Homem é Divino e o Eu Divino é livre.

*

É mais importante enfrentar o futuro munido de princípios corretos e de um caráter firme, do que de previsões a respeito dele. Se assumirmos boas atitudes em relação ao futuro, não poderemos obter maus resultados.

*

Por mais que perscrutemos o futuro, não nos aproximaremos da verdadeira paz, ao passo que persistir na busca do Eu Superior e a Ele permanecer unido traz gradualmente luz e vida inextinguíveis.

*

Quando a astrologia utiliza as estrelas e os planetas para indicar que a causa principal daquilo que nos acontece de bom e de mau é a sabedoria ou a ignorância existentes *em nós*, ela tem um propósito. Se, entretanto, ela *os* aponta como as causas reais, ela nos presta um desserviço.

*

Podemos com tranqüilidade entregar o futuro às estrelas, se soubermos que podemos ser verdadeiramente autênticos.

O "timing", os ciclos, a intensidade do karma

Cada período da vida comporta uma avaliação, e as opiniões a respeito divergem. Alguns dizem que os primeiros anos são os melhores, outros, a meia-idade, e assim por diante. No entanto, a verdade é que o período que se revelará o melhor e do qual se irá extrair mais satisfação depende mais do karma pessoal do que da idade cronológica.

Um dos maiores equívocos entre as pessoas que acreditam no karma, e talvez um dos principais obstáculos à sua aceitação por parte de outras, é a idéia de que ele só produz efeitos após longos períodos de tempo. O que fazemos hoje voltará para nós em uma encarnação futura, séculos mais tarde; o que experimentamos hoje é resultado do que fizemos há centenas ou até mesmo milhares de anos; o que estamos colhendo agora neste século é fruto do que semeamos em Roma no século II — esses são os conceitos comuns a respeito da reencarnação e do karma. No entanto, tudo que temos a fazer é abrir os olhos e olhar em volta para ver que em toda parte as pessoas estão obtendo agora os resultados do que fizeram nesta mesma encarnação.

A cada momento construímos o momento seguinte, a cada mês moldamos o mês subseqüente. Nenhum dia é independente e isolado dos outros. O karma é um processo contínuo e não funciona por adiamentos. É, de fato, incorreto considerá-lo uma espécie de juiz póstumo! Entretanto, com freqüência não é possível explicar essas conseqüências em função das circunstâncias particulares da vida atual. Em alguns casos — e somente nesses casos — vivemos as conseqüências em encarnações subseqüentes.

A ação do karma de vidas passadas está mais em evidência no nascimento e durante a infância e a adolescência. A atuação do karma criado na vida atual se evidencia na idade adulta, depois que atingimos a maturidade.

Alguns dos problemas que se abatem sobre a vida de muitas pessoas, na realidade, não se originam do karma de vidas anteriores e sim exclusivamente de causas iniciadas na vida atual.

É um erro considerar, como habitualmente se faz, o karma (retribuição) como algo que age apenas em reencarnações num futuro distante. Na verdade, sua ação é mais intensa na vida que a pessoa ou nação está vivendo agora. Existem momentos nos quais o karma de uma ação volta com a velocidade e precisão de um bumerangue.

É um erro considerar o karma de uma ação como algo que ocorre bem mais tarde ou que retorna a quem a praticou muito tempo depois. Ele não é algo que se segue ao que foi praticado antes. Pelo contrário, o karma é concomitante à própria ação.

Nessa perspectiva mais ampla, a melhor recompensa kármica para as ações corretas é a elevação do caráter, e a pior punição kármica pelas más ações é a degradação dele. Em resumo, o mentalismo considera o pensamento de grande importância e o mesmo se dá aqui, pois o karma possui um duplo caráter. Toda ação cria tanto uma reação física quanto a tendência psicológica a repetir a ação.

❧

Podemos desafiar por muitos anos a lei kármica no que diz respeito à saúde do corpo e só ter que pagar por isso na meia-idade ou na velhice. Podemos desafiá-la no que diz respeito à nossa conduta perante os outros e só precisar pagar por isso em outra encarnação. Mas, no final, a lei sempre se faz cumprir, está sempre registrada no mapa astrológico gravado na própria forma do corpo e na natureza da personalidade.

❧

Os planetas não controlam o seu destino individual, mas o movimento deles determina os momentos em que o karma latente que você adquiriu se tornará ativo e atuante. Por conseguinte, o céu é como um relógio gigantesco cujos ponteiros indicam as horas decisivas da vida humana, mas não é um depósito de forças que influenciam ou dominam essa vida.

❧

Ouvimos falar, em todas as religiões, quer orientais, quer ocidentais, dos sofrimentos suportados na vida após a morte pelas pessoas más. Imagina-se que elas vivam durante algum tempo em um mundo inferior, um purgatório. A verdade é que esse é um símbolo primitivo da doutrina mais elevada que afirma que os maus realmente sofrem após a morte, mas apenas quando renascem na Terra.

O destino avança em ritmos de ganhos e perdas, em ciclos de abundância e privação. A força que atrai para nós amigos afetuosos e inimigos que nos odeiam é a mesma.

O karma espera o momento adequado para fazer sua prestação de contas; o fato de esses ajustes serem periódicos e estarem agrupados explica por que a boa e a má sorte com tanta freqüência parecem acontecer em ciclos.

É bastante lógico que seja ensinado que um certo equilíbrio é alcançado entre os dois tipos de karma de uma pessoa, para que o mau karma possa ser atenuado ou mesmo eliminado, mas o bom pode igualmente ser reduzido ou até anulado.

Nossa vida interior compreende ritmos que estão sujeitos a leis assim como o nascer do Sol e as marés.

Há tantas possibilidades para o bem e para o mal, ainda latentes na maioria das pessoas, que somente o girar da roda das circunstâncias pode desenvolvê-las.

Quando um ciclo favorável do destino está atuando, uma pequena ação correta produz muitos resultados auspiciosos. No entanto, quando um ciclo desfavorável predomina, um grande número de ações corretas gera um pequeno resultado. A pessoa e suas capacidades não mudaram, mas seu destino mudou. Nessas ocasiões, a nova seqüência de acontecimentos na vida delas não é determinada pela vontade individual e sim por uma vontade superior.

☙

O destino não tem uma atuação cega, pouco inteligente, arbitrária e antagônica com relação a nós, como quase todos temos a tendência de acreditar quando passamos por um ciclo de karma desfavorável. Pelo contrário, trata-se da própria Sabedoria Absoluta em ação.

☙

A extensão das conseqüências kármicas de um ato será proporcional à energia que ele encerra. A Mente-do-Mundo registra fielmente as mais elevadas aspirações e os desejos mais mesquinhos. Se, entretanto, o pensamento, a emoção ou a ação determinados pela vontade são apenas superficiais e passageiros, isso não é registrado e permanece adormecido, não gerando nenhum karma. As impressões muito fracas ou não fortalecidas pela repetição são ineficazes, mas quando se intensificam pela repetição ou acumulação, acabam por se tornar kármicas, produzindo resultados definidos. Por essa razão, quando percebemos uma falha, é sensato cortá-la pela raiz, eliminando-a antes que ela se torne suficientemente forte para causar um grave dano. Também é importante lembrar que os ideais elevados firmemente sustentados e as nobres aspirações profundamente enraizadas no coração não podem deixar de dar, no devido tempo, frutos da mesma espécie.

☙

A Lei é inexorável, porém flexível: ela ajusta o castigo ao grau evolutivo da pessoa. O pecador que tem mais conhecimento e erra com consciência do que está fazendo deverá sofrer mais.

☙

Toda infração à grande lei da compensação no seu aspecto moral é cumulativa e soma uma tribulação à outra. Essa é a razão pela qual freqüentemente ouvimos a queixa de que as tribulações não são proporcionais aos erros.

❦

As conseqüências de vários anos de ações e pensamentos errados podem emergir em apenas alguns meses.

❦

Por alguns erros temos de pagar com infortúnios por alguns anos, mas em relação a outros, por toda uma vida. Uma ofensa feita a um sábio que encarna a compaixão pode facilmente, se não houver arrependimento e se não for corrigida, enquadrar-se no segundo caso.

❦

Trotsky fez questão de ser impiedoso com o inimigo durante a guerra civil da Rússia: não é, pois, de surpreender que seu próprio assassinato tenha sido um incidente cruel.

A responsabilidade individual

Ninguém foi traído, seja por Deus, seja pela vida. Contribuímos para os trágicos acontecimentos da nossa época e, até certo ponto, fizemos por merecê-los.

❦

Um número excessivo de pessoas está orando para livrar-se das conseqüências de seus erros ou fraquezas; muito poucos estão tentando libertar-se das falhas propriamente ditas. Se as preces dos primeiros forem atendidas, as fraquezas permanecerão e as mesmas conseqüências possivelmente voltarão a acontecer. Se os esforços do segundo grupo forem bem-sucedidos, seus membros se libertarão para sempre das falhas.

*

Atribuir à vontade de Deus os resultados da negligência humana é blasfêmia. Lançar a culpa das conseqüências da estupidez, da inércia e da indisciplina humana nas leis divinas é um contra-senso.

*

Se as pessoas se queixam de que a vida lhes traz o que há de pior, elas devem fazer uma pausa e refletir se se prepararam interiormente para receber algo melhor do que isso.

*

Se você atribui à natureza avassaladora do destino a fraqueza decorrente de sua própria inércia, você torna sua situação ainda pior.

*

Uma atitude mais sábia conduz seus problemas externos ao reino interno do caráter, da inteligência e da capacidade, e lida com eles nesse nível.

*

Culpar os outros por seus infortúnios ou mesmo por suas más ações é, para o buscador, um expediente usado pelo ego para afastar a atenção da própria culpa e assim manter seu domínio sobre o coração e a mente. Para a pessoa comum, trata-se apenas da expressão emocional da ignorância espiritual.

A partir do nosso estudo da lei do karma, podemos deduzir que todos precisamos crescer, nos tornar adultos e aprender a ser responsáveis pelas nossas ações, decisões, emoções e até pelos nossos pensamentos. Somos os responsáveis pelas idéias, e especialmente pelos impulsos, que aceitamos e por aqueles que deixamos passar ou afastamos de nós.

3

O KARMA E A GRAÇA

O milagre da Graça

Se o karma infalível fosse o único poder por trás da boa ou má sorte, seria uma triste perspectiva para a maioria de nós. Não temos o conhecimento, a força, nem a virtude para acumularmos muitos atos louváveis. Pelo contrário, temos a ignorância, a fraqueza e a tendência para o pecado que nos fazem acumular muitos atos não meritórios. No entanto, o universo encerra tanta benevolência que não somos deixados apenas à mercê do karma. Paralelamente a ele, existe um outro poder, o poder da Graça. Ambos atuam juntos, embora ninguém possa prever quanto de um e quanto do outro irá se manifestar em qualquer caso particular.

◈

A idéia de que o karma opera como uma máquina automática não é totalmente verdadeira porque não é uma idéia completa. O elemento que falta é a Graça.

◈

A rejeição à idéia da Graça baseia-se na interpretação errônea do que ela é e, especialmente, na crença de que ela é uma dádiva arbitrária e imprevisível de um favoritismo. Naturalmente, não é nada disso, e sim a entrada em ação de uma lei superior. A Graça é simplesmente o poder transformador do Eu Superior que está sempre presente mas que, de um modo geral, é legitimamente impedido de atuar em uma pessoa enquanto ela não eliminar os obstáculos a essa ação. Se sua manifestação é considerada imprevisível é porque a força, a quantidade e a duração das tendências kármicas nocivas que impedem essa manifestação variam consideravelmente de pessoa para pessoa. Quando o karma que gerou essas tendências se torna bastante fraco, elas já não podem impedir a ação da Graça.

❧

Assim como esta geração viveu para ver a experiência da gravidade ser contrariada pelas experiências destituídas de peso dos astronautas, em todas as gerações também houve aqueles que viram a experiência do karma ser anulada pela Graça e seu perdão.

❧

Deixar de apreciar o papel da Graça por acreditar na lei do karma é tão deplorável quanto a tendência a exagerar esse papel por ter fé em uma divindade pessoal.

❧

Não precisamos nos deixar levar passivamente pelo fluxo dos acontecimentos por acreditarmos no destino. O Eu Superior está acima dele. É onipotente; os elos interligados da cadeia do destino caem por terra por ordem sua; é pior não acreditar no Eu Superior e em sua supremacia do que acreditar no destino e em seu poder. Não que o Eu Superior meça forças com o destino; ele simplesmente o dissolve.

❧

O KARMA E A GRAÇA   75

✍

O Eu Superior atua por meio de uma lei inexorável, mas o amor faz parte da lei. A Graça não viola princípio algum; antes, ela cumpre o princípio mais elevado.

✍

Algumas pessoas têm dificuldade em entender o lugar exato da Graça no esquema das coisas. Se elas acreditam na lei da retribuição, não parece haver espaço para a lei da Graça. É verdade que precisamos aperfeiçoar nossa conduta e corrigir nossos defeitos; também é verdade que não é possível escapar dessas obrigações necessárias. No entanto, pode-se fazer isso sozinho ou com a ajuda do Eu Superior, com o pensamento voltado para Ele e mantendo a constante lembrança de sua presença. Esse segundo caminho favorece a possibilidade da Graça. Ele só poderá vigorar se o primeiro tiver sido seguido e apenas se a aspiração tiver conseguido elevar a consciência ao Eu Superior. Basta um momento de contato para que esse fim seja alcançado. O que então acontece é que a transformação interior é concluída e a conseqüência kármica remanescente, não resolvida, é, dessa forma, anulada. Não se trata aqui de se conseguir "algo em troca de nada", nem de uma falha da lei da retribuição. De qualquer modo, o ego precisa usar sua vontade para arrepender-se e corrigir-se.

✍

Buda viveu numa terra onde um clero degenerado havia astuciosamente persuadido o povo a acreditar que todo pecado poderia ser expiado e seus efeitos atuais ou futuros sobre o destino poderiam ser evitados mediante um ritual pago, um sacrifício ou um ato de magia. Ele tentou elevar o nível moral de seu povo negando a possibilidade de os pecados serem perdoados e afirmando o domínio rigoroso da lei kármica, a estrita imutabilidade da justiça invisível. Jesus, ao contrário, viveu numa terra onde a religião proclamava rigidamente: "Olho por olho, dente por dente." Ele também tentou elevar o nível moral de seu povo. No entanto, uma sabedoria não inferior à do Buda fez com que ele enfrentasse a situação enfatizando a misericórdia de Deus e a necessidade de que os pecados fossem perdoados. "A lei da retribuição traz a cada homem o que lhe é devido e nenhuma forma externa de religião pode mudar sua ação; essa afirmação é, com efeito, o ponto essencial de grande parte do ensinamento budista. "Isso é verdade", poderia ter dito Jesus, "mas há também a lei do amor, do amor de Deus, para aqueles que têm fé para invocá-lo e vontade para obedecê-lo." Devemos reconhecer que ambos os profetas estavam certos, se considerarmos os diferentes grupos a que se dirigiam e que ambos ofereceram o tipo de ajuda que cada grupo mais necessitava. Que ninguém negue à divindade uma virtude que a humanidade possui. A resposta do Eu Superior ao arrependimento do ego é certa, e essa resposta pode estender-se até o completo perdão dos pecados.

※

A Graça é uma energia mística, um princípio ativo próprio do Eu Superior que, por um lado, pode produzir resultados no pensamento, no sentimento e no corpo físico do ser humano e, por outro, em suas relações e circunstâncias kármicas. Trata-se da vontade cósmica, não apenas de um desejo piedoso ou de um pensamento generoso, e pode realizar milagres autênticos pela ação de suas leis desconhecidas. Sua energia dinâmica é tão poderosa que é capaz de fazer uma pessoa perceber a realidade suprema com a mesma facilidade com que pode restituir a vida a alguém que esteja morrendo ou devolver instantaneamente o uso dos membros a um inválido.

※

Existe esperança para todos porque existe Graça para todos. Ninguém é tão pecador que não possa encontrar perdão, purificação e renovação.

✍

Aqueles que acreditam que o universo é governado pela lei e que a vida humana, por ser parte dele, também deve ser por ela governada, acham difícil acreditar no perdão dos pecados e na doutrina da Graça da qual esse perdão faz parte. Porém, devem considerar que, se o homem deixa de aprender a lição e não corrige sua conduta, se ele volta a incorrer nos antigos erros, esse perdão automaticamente deixa de ser concedido. A lei da retribuição não é anulada quando o homem recebe o perdão, mas sim modificada pela atuação paralela de uma lei superior.

✍

Quando a total submissão do ego é recompensada pela sagrada Graça do Eu Superior, você recebe o perdão pelo seu passado, por mais negro que tenha sido, e seus pecados são verdadeiramente perdoados.

✍

Há três tipos de Graça: o primeiro é aquele que tem a aparência da Graça mas que na verdade se origina do bom karma passado, e vem por merecimento do próprio indivíduo; o segundo é o que o Mestre concede aos discípulos ou aspirantes quando as circunstâncias externas e internas são adequadas — ele tem apenas a natureza de um lampejo temporário, mas é útil porque oferece um vislumbre da meta, a noção da direção correta e o estímulo inspirador para que eles continuem a Busca; o terceiro ocorre quando a pessoa alcança o grau mais elevado de realização e lhe é

78   O QUE É O KARMA?

permitido, em alguns casos, modificar um karma negativo iminente ou, em outros, anulá-lo por ter alcançado uma verdadeira compreensão das lições específicas que precisavam ser aprendidas. Isso é particularmente evidente quando a Mão de Deus remove obstáculos que se encontram em seu caminho. A concepção filosófica da Graça mostra que ela é justa e sábia. Essa noção é na verdade bem diferente da crença da religião ortodoxa a respeito dela, crença essa que considera a Graça uma intervenção arbitrária do Poder Superior em benefício de alguns escolhidos.

❧

O Eu Superior não transgride em nenhum momento a lei das conseqüências. Se por seus próprios esforços você vier a modificar os efeitos dessa lei em uma determinada situação, ou se o mesmo acontecer pela manifestação da Graça, tudo ainda ocorre de acordo com aquela lei — pois não se deve esquecer que a porção de karma selecionada para uma determinada encarnação não esgota toda a reserva existente no arquivo de uma pessoa. Existe sempre muito mais do que a porção relativa a uma única vida na Terra. O que acontece é que uma parte do bom karma se manifesta ao mesmo tempo que o mau karma, e a natureza desse bom karma e a ocasião em que ele ocorre fazem com que ele neutralize completamente o mau karma, se o resultado a ser alcançado for sua anulação, ou o neutralize parcialmente, se o objetivo final for sua modificação. Assim, a mesma lei continua a agir, mas há uma mudança no resultado da sua ação.

❧

A noção da Graça como é apresentada nas religiões populares talvez tenha sido útil para as massas, mas necessita de uma grande revisão no caso dos buscadores filosóficos. Ela não é concedida segundo os caprichos de um Deus pessoal, nem unicamente

O KARMA E A GRAÇA 79

após esforços para merecê-la. A Graça assemelha-se mais a uma emanação permanente e constante do Eu Superior de cada pessoa, sempre disponível, mas da qual cada um de nós precisa compartilhar por si mesmo. Se por vezes ela parece intervir de forma especial em favor de alguém, isso se deve à imensa sabedoria que escolhe o momento exato de liberar determinado bom karma.

⁂

Seria o perdão uma impossível anulação da lei do karma? Não há nenhuma maneira de escapar de uma conseqüência kármica que conduz a outras conseqüências, criando uma série delas interminável e sem esperança? Acredito que uma resposta para a primeira pergunta tenha sido dada por Jesus, e para a segunda por Ésquilo. Mateus 12:31: "Portanto, vos digo: todo pecado e blasfêmia serão perdoados aos homens", declarou Jesus. Quanto ao difícil problema apresentado pela segunda pergunta, considere a solução sugerida por Ésquilo: "Somente no pensamento de Zeus, não importa quem Zeus possa ser." O karma precisa agir automaticamente, mas o Poder por trás do karma tudo sabe, controla todas as coisas, controla até o próprio karma; *sabe e compreende quando o perdão deve ser concedido.* Nenhuma mente humana é capaz de compreender esse Poder; por conseguinte, Ésquilo acrescenta a frase: "Não importa quem Zeus possa ser." O perdão não destrói a lei do karma; ele a complementa. "Todos nós, mortais, necessitamos de perdão. Não vivemos como desejaríamos, mas sim como podemos", escreveu Menander quase quatrocentos anos antes da época de Jesus.

⁂

Encontramos no Eu Superior o valor supremo e absoluto, pois ele transcende o próprio plano da ideação. O Eu Superior não pode se separar do karma cósmico, mas não está sujeito à ação da causalidade pessoal, porque não está sujeito à personalidade, à mudança e à relatividade; ele está além dos limites dessas idéias que surgem dentro desse karma. Quando viermos a refletir sobre a natureza da realidade suprema, compreenderemos por que isso acontece dessa maneira. Por conseguinte, o karma pessoal não pode agir nessa esfera do absoluto, por mais rígida e inflexível que seja sua atuação dentro do mundo do espaço-tempo da existência relativa. O fato de a causalidade pessoal não existir no sentido mais profundo da existência oferece uma grande esperança para a humanidade, pois torna possível a introdução do fator totalmente novo e inesperado da Graça na vida e nas vicissitudes humanas. É como um colete salva-vidas ao qual os mortais desesperados podem agarrar-se. O pior pecador pode receber o que não fez por merecer, se sinceramente vier a se arrepender, fizer todas as correções possíveis e mudar de atitude, passando a cultivar uma fé sublime. Independentemente de como possa ter sido sua vida pregressa, se, *ao mudar seus pensamentos e suas ações*, ele conseguir fazer-se ouvir nesse plano mais elevado, é sempre possível que a dádiva da Graça desça sobre ele.

❦

Tem havido alguma controvérsia a respeito da idéia da Graça. Ela é aceita pelos cristãos e hindus e negada pelos budistas e jainistas. Entretanto, mesmo aqueles que a aceitam têm idéias confusas e contraditórias a respeito dela. Em um sentido amplo e geral, ela poderia ser definida como uma mudança benéfica que ocorre sem interferência da força de vontade da pessoa e sim por meio de um poder que, normalmente, ela não possui. Mas, como trazemos conosco resíduos de encarnações anteriores sob a forma de karma, é impossível para a maioria das pessoas distinguir se um acontecimento é resultado do karma ou da Graça. No entanto, às vezes isso é possível, por exemplo, quando uma pessoa acorda de manhã, ou até mesmo no meio da noite, com a lembrança de alguma dificuldade, situação ou problema, porém sentindo, ao mesmo tempo, uma Presença Superior; essa sensação faz com que a pessoa passe a ver a dificuldade ou o problema sob outra luz e, principalmente, deixe de sentir qualquer angústia, inquietação, medo ou incerteza que essas dificuldades possam ter causado. Se a pessoa sentir que as reações negativas desaparecem e são substituídas por uma certa paz de espírito e, especialmente, se a forma correta de agir na situação tornar-se clara, então ela estará experimentando a Graça.

⚜

A intuição, que Bergson chamou de o caminho mais seguro para a verdade, elimina hesitações. Quando você entra em contato com o Eu Superior para solucionar um problema, você recebe uma ordem direta sobre o que fazer e então você *sabe* que está certo. As nuvens, hesitações e dúvidas que surgem quando você está se debatendo entre pontos de vista contrários dissolvem-se. Ao passo que, se você não estiver em contato com o Eu Superior, mas apenas sendo conduzido pelo karma, você poderá oscilar de um lado para outro entre razão e emoção.

⚜

Primeiro você deve tentar elevar-se, utilizando para isso o tempo e o esforço necessários. Depois, você sentirá que outra força o está elevando espontaneamente — é a Graça.

Invocando a Graça

Acreditar na realidade da Graça e esperar que ela se manifeste são excelentes atitudes. Mas elas não devem se transformar em justificativas para a preguiça espiritual e a má conduta moral.

Se a Graça do Eu Superior não vier em sua ajuda, todos os seus esforços serão inúteis. Por outro lado, se você não se empenhar, é pouco provável que a Graça se manifeste.

O fato de a Graça ser uma imprevisível manifestação do Alto não significa que sejamos totalmente impotentes e que nada possamos fazer com relação a isso. Podemos pelo menos nos preparar, tanto para atrair a Graça quanto para agir da maneira correta quando ela se manifestar. Podemos desde já purificar o coração, treinar a mente, disciplinar o corpo e nos dedicar ao serviço altruísta, pois, dessa forma, toda súplica que enviarmos para invocar a Graça será favorecida e reforçada.

Se existe alguma lei relacionada com a Graça é aquela que afirma que, na medida em que dedicarmos amor ao Eu Superior, dele receberemos a Graça. Mas esse amor deve ser tão intenso e tão grande que de boa vontade sacrificamos a ele nosso tempo e a ele dirigimos nossos pensamentos em um grau que demonstra o quanto ele significa para nós. Em resumo, precisamos dar mais para receber mais, e o amor é o melhor que podemos dar.

O fato é que o poder superior concede a Graça para todos, mas nem todos são capazes, desejam ou estão prontos para recebê-la, nem todos conseguem reconhecê-la e muitos a ignoram. Eis por que as pessoas precisam primeiro trabalhar a si mesmas como forma de preparação.

O KARMA E A GRAÇA   83

Quando você se torna bastante consciente, tanto do sagrado dever do auto-aperfeiçoamento quanto de suas deploráveis fraquezas, surge forçosamente a necessidade de obter o poder redentor e transformador da Graça. Você estará então psicologicamente pronto para recebê-la. Você não pode atrair a Graça para si, mas apenas invocá-la e esperar por ela.

❧

A idéia de dominar sua natureza inferior exclusivamente por seus próprios esforços não deixa espaço para a Graça. Seria melhor adotar uma atitude mais equilibrada. Você precisa aprender que seus esforços não podem por si só conseguir tudo o que você quer. O primeiro passo para atrair a Graça é orar humildemente e reconhecer sua fraqueza.

❧

A Graça não é uma operação de mão única. Não se trata, como alguns de forma errada acreditam, de obter algo gratuitamente. Nada é gratuito, em lugar nenhum. Quando a Graça começa a atuar, ela também começa a dissipar as características negativas que a obstruem. Elas oferecem resistência, mas se você adotar a atitude correta de submissão e estiver disposto a abandoná-las, elas não serão capazes de resistir por muito tempo. Mas se se agarrar a elas por parecerem parte de você, ou porque você as julga "naturais", a Graça se retirará ou o conduzirá a circunstâncias e situações que removerão à força os obstáculos e, por conseguinte, de maneira dolorosa.

❧

A Graça, oriunda de uma fonte que está acima e além de você é a resposta final a todas as suas perguntas, quando seu intelecto não conseguir lidar com elas, e é a solução para todos os seus

84 O QUE É O KARMA?

problemas, quando você não for capaz de enfrentá-los. E a primeira condição para invocar essa dádiva deveria ser silenciar a confusão que existe dentro de você e o tumulto na sua mente. O ego tem de reconhecer que por sua própria natureza não é digno de confiança e precisa fazer uma pausa, interromper sua contínua atividade, por meio da meditação passiva.

❧

Duas coisas lhe são exigidas para que a Graça se manifeste em você. A primeira é a capacidade de recebê-la; a segunda, que você coopere com ela. No primeiro caso, você precisa tornar o ego mais humilde; no segundo, deve purificá-lo.

❧

Seu papel é abrir caminho, remover obstáculos e atingir a concentração, para que a Graça do Eu Superior possa chegar até você. A união de ambas produz o resultado.

❧

Se todos os seus esforços concentrarem-se no auto-aperfeiçoamento, seus pensamentos permanecerão num âmbito pequeno e limitado. O que é trivial se tornará muito importante aos seus olhos e o que é insignificante irá adquirir um enorme significado. É preciso equilibrar uma atitude com a outra — submeter-se ao poder da Graça e ter fé nele.

❧

Aqueles que pedem ao Eu Superior que lhes conceda sua maior bênção, a Graça, devem perguntar a si mesmos o que *eles* estão dispostos a dar a Ele — quanto de seu tempo, amor, auto-sacrifício e autodisciplina.

As condições que possibilitam a manifestação da Graça incluem, em primeiro lugar, uma vida mais simples do que a da civilização moderna dominada pelos bens materiais; segundo, um profundo respeito pela natureza e a comunhão com ela.

A Graça é inteiramente fruto da atuação do Eu Superior, mas você pode ajudar a atraí-la com sua aspiração, suas orações e retirando freqüentemente a atenção de sua insignificante pessoa, dirigindo-a, ao invés, para esse eu maior. Por conseguinte, nenhum clamor sincero e contínuo emitido no aparente vazio durante uma crise deixa de ser ouvido pelo Eu Superior. Mas ele precisa ser sincero, e expressar-se tanto em seus atos quanto em seus pensamentos. E deve ser ininterrupto no sentido de ser uma aspiração contínua e não apenas a disposição de ânimo de um momento. As pessoas que sinceramente invocam o poder superior não o farão em vão, embora a resposta desse poder possa, às vezes, assumir uma forma inesperada que não seja exatamente do agrado imediato delas, ou bem distante de suas expectativas, mas que sempre visa ao seu benefício real e não o aparente.

Se você aspira à Graça, precisa fazer algo para merecê-lo, como, por exemplo, prestar atenção ao tempo despendido em fofocas e atividades triviais ou até nocivas (por serem negativas); purificar seu caráter; estudar as revelações dos sábios; refletir sobre o rumo de sua vida; praticar o silêncio mental e a disciplina emocional.

Aqueles que buscam a Graça precisam fazer algo para alcançá-la. Devem procurar perdoar os que os prejudicaram; ter compaixão para com os que estão sob sua autoridade ou necessitando de ajuda; deixar de abater animais inocentes. Ao agir dessa maneira, é como se eles próprios concedessem a Graça. O que eles dão aos outros, também podem esperar receber.

De um modo geral, a Graça está sempre sendo oferecida, mas não enxergamos a oferta; somos cegos e passamos por ela sem notá-la. Como podemos reverter essa condição e passar a percebê-lo? Preparando as condições adequadas. Primeiro, reserve diariamente um período — um curto período, para começar — para afastar-se das atividades normais do seu dia-a-dia. Dedique esse período ao seu interior, à meditação. Saia do mundo por alguns minutos.

Quem quer que invoque a Graça do Eu Superior deve estar informado de que também está invocando um longo e árduo período de aperfeiçoamento e purificação pessoal, necessário para prepará-lo para receber essa Graça.

É verdade que a Graça é algo que provém de uma fonte superior a você. Mas é também verdade que seus esforços podem atrair essa dádiva mais cedo do que normalmente atrairiam. Esses esforços consistem em: oração contínua e jejuns periódicos.

A Graça pode representar o amadurecimento do karma ou a resposta a um apelo direto a um poder superior, ou ainda pode surgir por intercessão de um santo. A fé no Poder é recompensada pela Graça. Se a súplica falha, é porque o karma adverso deve ser muito forte. Os materialistas não fazem tais súplicas, portanto não recebem nenhuma Graça a não ser que a acumulação de boas ações lhes traga um bom karma.

❧

Não é possível nos livrarmos das punições devidas a erros passados a não ser que nós mesmos nos libertemos de tais erros, aprendendo de forma plena e sincera suas lições.

❧

Arrepender-se de ter tomado o rumo errado na vida, a decisão de abandoná-lo e a prontidão para fazer correções definitivas são pré-requisitos para a obtenção da Graça.

❧

A confissão é uma boa prática quando se trata de um sincero e honesto reconhecimento de que certas ações do passado foram erradas, quer tenham sido meramente imprudentes, quer totalmente malévolas; de que elas nunca deveriam ter sido praticadas; e de que se você se vir novamente diante de situações semelhantes, se esforçará ao máximo para não cometê-las. O remorso, a penitência e o desejo de fazer correções são os sentimentos que devem acompanhar o reconhecimento intelectual para que ele tenha um valor efetivo no futuro. De acordo com o costume, a confissão pode ser feita de três maneiras. Existe a prática de certas religiões, que impõem a presença de um padre ordenado. Esse procedimento é útil principalmente para os adeptos dessas religiões que conseguem ter fé tanto nos dogmas quanto nos padres. No entanto, quer a confissão à outra pessoa seja feita em uma atmosfera religiosa, quer não, ela só possui valor se essa pessoa tiver efetivamente uma condição espiritual superior à do pecador e não se ela estiver meramente afirmando ou fingindo tê-la. Se essa garantia estiver presente, a confissão libera a tensão de pecados secretamente guardados. Em segundo lugar, existe a prática de alguns cultos e seitas que impõem a presença de um grupo. Esse procedimento também só é proveitoso para os que acreditam nele, e mesmo assim de uma forma muito limitada. Ele oferece alívio emocional, mas degenera com muita facilidade em um exibicionismo egoísta. Esta prática é certamente bem menos desejável do que a primeira. A confissão particular, feita no isolamento e dirigida ao Eu Superior, é a terceira maneira. Se o pecador experimenta a sensação de estar interiormente purificado e não mostra a seguir a tendência a repetir o pecado, ele poderá saber que sua confissão foi eficaz e que a Graça do Eu Superior chegou até ele em resposta ao ato. No entanto, é errado acreditar que o simples ato de confessar é tudo o que é necessário. Isso pode acontecer, mas o mais comum é que essa resposta só ocorra como o clímax de uma série de atos desse tipo. É também um erro acreditar que uma confissão possa ter algum valor se o ego do pecador não for profundamente humilhado e passar a sentir não apenas sua insensatez e indignidade, mas também sua dependência do poder superior para poder alcançar a sabedoria e o autodomínio.

✍

Se você conseguir preencher as condições para uma sincera preparação e tentar praticar o serviço, a compaixão e a bondade, a Graça virá a você e seu sentido será encontrado, pois ela encerra um significado muito semelhante ao amor, ao amor altruísta. O que você tiver dado aos outros lhe será devolvido pela lei da retribuição.

✍

Ao perdoar aqueles que nos causaram mal, nós nos colocamos na posição de obter o perdão pelo mal que tenhamos praticado.

❧

Se você se tornar merecedor da Graça, não precisa se preocupar se irá ou não recebê-la. Seus esforços sinceros, mais cedo ou mais tarde, trarão merecimentos. E essa é a melhor maneira de possibilitar a manifestação da Graça.

❧

Você pode às vezes se deixar abater pelo desânimo, mas nunca deve deixar que ele se transforme em desespero. Essa atitude auxilia a vinda da Graça.

❧

A oração não deve ser menosprezada por ninguém. Nós diminuímos o poder do Eu Superior quando não aceitamos essa afirmação. Enquanto formos imperfeitos, sentiremos necessidade de oração. Enquanto algo nos faltar, teremos de orar. Apenas o sábio realizado e não mais dominado por desejos pode deixar de orar, embora ele possa fazê-lo pelos outros com sua maneira misteriosa e pouco convencional. Também não podemos dizer que é sempre errado orar por coisas físicas: às vezes isso pode ser correto. Mas a prece que é apenas uma súplica dirigida a um Ser sobrenatural para que este remova os tormentos que o próprio indivíduo provocou, não pode trazer outro resultado a não ser o conforto psicológico que a oração oferece. Ela certamente não trará nenhuma alteração à retribuição kármica que o indivíduo está sofrendo. Será apenas um ruído no ar e de nada adiantará reclamar da sorte. Porém, a oração seguida do esforço contrito de modificar o defeito de caráter que deu origem às aflições e que é o complemento de uma tentativa real de reparar um erro cometido contra alguém pode não ser inútil. O arrependimento e a reparação são os fatores mais importantes para que uma prece seja atendida. Eles serão uma força capaz de afetar o karma pessoal porque introduzem um karma *novo* e favorável...

É preciso ter em mente que o Deus a quem oramos habita em nosso coração. Quando nossa prece produz uma sensação posterior de alívio ou de paz, trata-se provavelmente de um sinal de que oramos da maneira correta, mas quando nosso sofrimento ou perplexidade pesa sobre nós com a mesma intensidade que antes, trata-se provavelmente de um indício de que devemos orar mais e mais ou de que oramos de forma incorreta. Na medida em que a oração eleva nossos pensamentos acima das nossas fúteis preocupações pessoais, é certo que ela será útil para o nosso progresso. Na medida em que ela for apenas um apelo estritamente materialista ou totalmente hipócrita dirigido a uma divindade antropomórfica para que ela derrame sobre nós determinados benefícios materiais, é certo que ela será inútil tanto para o desenvolvimento espiritual quanto para o progresso material. A melhor maneira de contrapor-se ao princípio do karma, quando ele estiver exigindo um doloroso tributo, não é orar, mas sim modificar nossos pensamentos. Quanto mais alterarmos para melhor a tendência geral deles, melhor se tornará nossa vida exterior.

❧

A Graça é o poder oculto que trabalha lado a lado com a aspiração do seu espírito e com seus esforços para alcançar a disciplina, o que não significa que ela continuará a atuar se você abandonar a aspiração e o esforço. Ela poderá continuar, mas na maioria das vezes isso não acontecerá.

4

COMO TRABALHAR COM O KARMA

Use seu discernimento

As pessoas sempre reclamam da infelicidade de seu passado e sofrem porque não podem anulá-lo; mas esquecem-se de modificar o futuro infeliz que estão agora ativamente construindo.

❧

Do ponto de vista kármico, a longo prazo, cada um de nós cria seu próprio mundo e ambiente. Por conseguinte, a ninguém mais, a não ser a nós mesmos, devemos agradecer ou culpar por nosso bem-estar ou infelicidade. É preciso lembrar também que o uso correto ou incorreto do livre-arbítrio está decidindo, neste exato momento, as condições e circunstâncias das vidas que estão por vir.

❧

O fato de você ter de enfrentar circunstâncias adversas não é motivo para lamentações e sim um desafio com relação ao que você pode fazer com elas. Elas representam uma tripla possibilidade: retrocesso, estagnação ou crescimento. Quando sua mente já estiver bem acostumada a essas idéias, e quando você as tiver recriado como produto do seu próprio pensamento e como conclusão de sua própria experiência, elas possibilitarão que você enfrente os desafios do destino e as mutações da sorte com uma força e sabedoria antes desconhecidas.

⁂

Quando o ensinamento de que você inevitavelmente receberá o resultado de suas ações for aceito por satisfazer a necessidade racional de entendimento e a necessidade emocional de justiça; quando essa idéia calar mais profundamente no coração e proporcionar uma clareza intelectual; quando a veracidade desse ensinamento for reconhecida e sua justiça trouxer alento; quando ela começar a se tornar dinâmica na sua visão de mundo, ela inevitavelmente passará a influenciar sua vida exterior, e não mais deixará de fazê-lo. Quando isso aparentemente não acontece, é sempre porque a aceitação é apenas superficial e verbal, ou porque o egoísmo inato e a paixão sem controle dominam o subconsciente. No primeiro caso, a doutrina é conhecida apenas por meio de uma tradição decadente ou pela repetição de chavões, o que com freqüência ocorre no Oriente. Pela sua aceitação convencional, ela jamais se transformou em uma convicção profunda e, conseqüentemente, perdeu muito de sua força ético-disciplinar. No segundo caso, os complexos estão em ação sem que a pessoa perceba, impedindo-a de dar o devido valor à doutrina. Diante disso, é evidente que, em última análise, tenhamos a tendência a fazer o que pensamos e sentimos.

⁂

Quando uma série de pensamentos ou uma ação é suficientemente forte, sua conseqüência kármica é tão inevitável quanto uma imagem em um filme fotográfico revelado. Quando a força kármica adquire um determinado ímpeto, seu avanço não mais pode ser interrompido, embora possa ser modificado. Por isso existe um axioma filosófico que diz que devemos cortar o mal pela raiz, evitando assim que as energias kármicas se tornem inexoravelmente atuantes. Um pensamento que não tenha alcançado um certo grau de desenvolvimento e força não produzirá conseqüências kármicas. A importância de coibir os pensamentos errôneos no momento em que eles surgem deve ser salientada. A forma de combater uma tendência nociva pessoal ou um movimento pernicioso em uma nação é reprimi-los nos estágios iniciais antes que ganhem impulso, pois é mais fácil frustrá-los no início, quando são relativamente fracos, do que depois, quando se tornam mais fortes.

☙

É um valioso exercício descobrir exatamente onde começa sua responsabilidade pelos seus problemas, separando o que é na verdade uma projeção externa dos seus defeitos internos, do que está sendo colocado sobre você por um insondável destino ou por um ambiente hostil.

☙

A prática pitagórica de todas as noites perguntar a si mesmo "O que fiz de errado hoje?" e "Que obrigações deixei de cumprir?" era excelente para combater o mau karma em formação e o mesmo se pode dizer de outra prática, também pitagórica, de não dizer e não fazer nada quando sob a influência da paixão.

☙

O karma é parte de você e você não pode fugir dele; porém, da mesma maneira como você pode fazer algumas modificações em si mesmo, pode haver uma correspondência dessas transformações no que diz respeito ao karma.

94 O QUE É O KARMA?

⚘

Somente quando puder avaliar sua sorte de forma impessoal e sem se lamentar, você poderá desenvolver a capacidade de compreender o mistério do seu destino e a razão de ele ter tomado determinado rumo em vez de outro.

⚘

O karma é a exata conseqüência do que uma pessoa pensa e faz. Sua reação aos acontecimentos e situações é o resultado preciso do que você é, do seu estágio evolutivo. Assim, reações menos intensas e, por conseguinte, um desvio melhor, só podem advir quando seu estado evolutivo atinge um grau mais elevado.

⚘

Onde quer que vá, você leva consigo sua mente, seu coração e seu caráter. São eles que na verdade criam seus problemas. Nada que venha de fora poderá modificá-los enquanto você não começar a mudar sua vida psíquica, ou seja, você mesmo.

⚘

Você quer que sua vida exterior se desenvolva de acordo com suas próprias concepções. Mas se você não tiver encontrado a harmonia interior com Deus, isso nunca acontecerá apesar de todos os seus esforços.

⚘

Toda a proteção de talismãs, a influência de pedras preciosas, e assim por diante, ampliam ou modificam outras influências (kármicas, ambientais e pessoais) que possam estar em ação, mas elas não atuam por si mesmas. Podemos fazer mais nesse sentido modificando os pensamentos dominantes e, principalmente, mantendo afastados os pensamentos nocivos e destrutivos, além de orar pedindo orientação.

❧

Sempre que você conseguir ligar os efeitos do mau karma (retribuição) a causas originadas na vida atual, seus esforços para modificar tais efeitos devem incluir remorso, tanto pelo mal causado a outros, como a você mesmo. Se o sentimento de remorso não surgir naturalmente no início, ele poderá aparecer após algumas tentativas de reconsiderar suas ações erradas de um ponto de vista impessoal. A constante reflexão a respeito dos principais pecados e erros do seu passado, feita de forma correta, comparando seu comportamento atual com a atitude que seria de se esperar, poderá, com o tempo, gerar um profundo sentimento de tristeza a arrependimento, cuja intensidade ajudará a purificar seu caráter e aperfeiçoar sua conduta. Se por meio dessa retrospecção freqüente e imparcial, as lições do mau comportamento passado tiverem sido totalmente aprendidas, existe a possibilidade de que a Graça do Eu Superior possa anular, ou pelo menos modificar, o registro do mau karma ainda existente.

❧

Não inveje aqueles que são favorecidos pela sorte. Os deuses a eles destinaram uma porção de bom karma, mas quando este se extinguir, eles serão despojados de muitas coisas, exceto do que espiritualmente possuem em seu interior.

❧

O karma não determina que a pessoa que nasce em uma favela lá deva permanecer até a morte. Ele a colocou lá, é verdade, mas cabe a ela modificar essa situação, pelo uso da inteligência e pelo esforço pessoal. Também é verdade que ela não pode fazer tudo o que quer, pois precisa começar com o que dispõe e desenvolver-se a partir daí. "Nenhum general pode ser afortunado se não for audacioso", declarou o General Sir Archibald Wavell. O mesmo aplica-se à batalha da vida. Precisamos estar preparados para correr riscos, se quisermos sair dela vitoriosos.

✍

Quando você realmente levar a sério a lei das conseqüências, você nunca mais prejudicará outra pessoa de um modo consciente ou deliberado. E você fará isso basicamente por não querer prejudicar a si mesmo.

✍

Você precisa antever as conseqüências não apenas das ações, mas também das atitudes e conceitos.

✍

Se você tiver alguma mágoa com relação a outra pessoa ou se estiver consciente de sentimentos de raiva, ressentimento ou ódio contra alguém, siga o conselho de Jesus e não deixe que o sol se ponha sobre sua ira. Isso significa que você deve ver a outra pessoa como uma expressão do resultado de toda uma longa experiência e do pensamento dela a respeito da vida e, portanto, vítima do próprio passado, não agindo por não saber como fazê-lo. Compreenda, então, que qualquer mal que tenha sido feito, automaticamente atrairá o castigo da retribuição kármica. Por conseguinte, não cabe a você condenar ou punir a outra pessoa, mas sim manter-se neutro e deixar que o karma cuide dela. Cabe a você compreender, e não culpar. Você deve aprender a aceitar as pessoas como elas são, sem condená-las. Você certamente deve tentar não sentir nenhum ressentimento, nem demonstrar má vontade com relação a elas. Deve manter sua consciência acima do mal, das más ações, das fraquezas e defeitos dos outros e não permitir que eles entrem na sua consciência — que é o que acontece quando você permite que provoquem reações negativas no seu eu inferior. Você deve fazer um esforço imediato e constante para arrancar essas ervas daninhas da sua vida emocional. Mas, a forma de fazê-lo não é ignorar as falhas, defeitos e más ações do outro, nem tampouco desviar-se do seu caminho para associar-se a pessoas indesejáveis.

≪≫

Alguns moralistas bem-intencionados, que dizem que o discípulo não deve ver o mal nos outros, adotam a atitude oposta e dizem que devemos ver apenas o bem. A filosofia, no entanto, não defende nenhum dos dois pontos de vista, observando apenas que não nos cabe julgar aqueles que são mais fracos do que nós e muito menos condená-los. Ela diz ainda que ver apenas o bem nos outros nos daria uma falsa imagem deles, pois a representação adequada deve combinar os aspectos positivos e os negativos. Por conseguinte, a filosofia recomenda que não pensemos neles, nem os julguemos, permitindo que cuidem dos próprios assuntos e deixando-os ao infalível julgamento de seu próprio karma. A única exceção a essa regra ocorre quando você é obrigado a se relacionar com uma pessoa cujo caráter é necessário compreender; porém, mesmo essa compreensão deve ser legítima, justa, serena, imparcial e isenta de preconceitos. Acima de tudo, ela não deve despertar emoções pessoais nem reações egoístas; em resumo, você terá de ser totalmente impessoal. No entanto, raramente um discípulo terá de fazer tal exceção. Você deve se abster de prestar atenção às imperfeições e deficiências dos outros e certamente não deverá nunca culpá-los por isso. Você deve voltar seu olhar crítico apenas para si mesmo — a não ser que alguém o solicite — e procurar usá-lo para se corrigir, melhorar e se modificar.

ॐ

Não precisamos ter receio de ajudar os outros por temermos interferir no karma deles. É verdade que a razão deve orientar nossa solidariedade, e se esse nosso gesto de auxílio vier a influir para que a pessoa beneficiada permaneça no erro, seria mais sensato nos abstermos de praticá-lo. Não é generoso de nossa parte justificar o erro dela, contribuindo para que ela continue insensatamente a trilhar esse caminho. Mas podemos deixar com segurança que a lei do karma aja à sua maneira. De fato, é até mesmo possível que ela procure nos utilizar como um canal para modificar ou pôr fim a esse sofrimento particular da outra pessoa. Recusar-se a aliviar o sofrimento de um ser humano ou de um animal, porque isso poderia representar uma interferência no karma do outro, significa fazer mau uso do conhecimento da lei do karma.

ॐ

Por acreditarmos que o karma atua para proporcionar no final uma justiça, às vezes relativa, outras vezes adequada, não devemos, por exemplo, ser negligentes e deixar passar as más ações agressivas, confiando passivamente na atuação dele, pois o karma precisa usar instrumentos e seus efeitos não surgem milagrosamente do nada. Portanto, não devemos nos esquivar de agir intuitivamente se formos chamados a cooperar com seu pretendido efeito educativo, e a colocar em movimento as causas por meio das quais uma reação pode se desenrolar.

ॐ

O pior karma físico é criado pelo homicídio. Neste caso a punição é inevitável, mesmo que retardada. O assassino será um dia assassinado, embora não necessariamente na mesma encarnação. O pior karma mental é criado pelo ódio. Quando suficientemente intenso e prolongado, ele dá origem a enfermidades destrutivas que consomem o corpo.

$\mathscr{C}$

Nada há de repreensível na atitude de nutrir uma objeção consciente à convocação para o serviço militar em um determinado estágio de seu desenvolvimento, pois essa atitude se origina de elevados ideais. Não é um assunto sobre o qual alguém deveria decidir o que você deve fazer, pois seu ponto de vista deve ser respeitado e a prática da tolerância é aconselhável em um caso como este. Não obstante, você deve também compreender que não se trata de nada além de um ponto de vista o qual um dia você irá transcender. Existe uma perspectiva possível mais elevada, mas se você não consegue perceber que ela é correta ou não possui a força interior suficiente para assimilá-la, você não deve se preocupar e deve fazer o que acha correto. Essa perspectiva mais elevada implica não levar em conta seus sentimentos pessoais e compreender que por ter nascido entre o povo do seu país e compartilhado a vida dele, você está sujeito à responsabilidade kármica de participar também de sua proteção. Se os ideais desse povo diferem dos seus, isso não o exime da responsabilidade. Somente a renúncia deliberada à cidadania e a transferência da residência para outro país o faria — e uma vez declarada a guerra, seria tarde demais para isso. E quanto a pegar em armas e matar um inimigo, caso necessário, se isso for feito em defesa do próprio país contra uma nação agressora, não será considerada um pecado e sim uma virtude, pois você não estará agindo dessa maneira apenas para proteger a si mesmo, mas também outras pessoas. Sob este aspecto, sua atuação é bastante altruísta. Muita coisa depende do seu motivo. Se um soldado luta desinteressadamente, com um honrado espírito de serviço, contra um implacável agressor, este soldado está agindo de um modo altruísta. Causar a morte de alguém pode não ser considerado um pecado em si, mas o motivo que provocou essa morte é que pode transformar ou não esse ato em pecado.

&

Quando afirmamos que o karma é o que ocultamente governa o destino da humanidade e que essa força não pode ser seu árbitro final, não estamos necessariamente afirmando que se pode prescindir dessa força em favor de uma ética de não-violência... O sábio não aceita a doutrina mística da não-violência por várias razões filosóficas. A principal delas, contudo, é o fato de ele não desejar apoiar a má ação de quem a pratica e tampouco desejar suavizar o caminho deste, encorajando assim o mal, ou ser parcial com relação a ele. A dócil submissão à vontade de um agressor fará com que ele acredite que seus métodos compensam, ao passo que uma resistência determinada interrompe sua trajetória descendente, desperta dúvidas e até mesmo serve de instrução caso ele venha a sofrer uma punição.

&

A punição de um crime sem uma educação ética que a acompanhe é uma brutalidade inábil e ineficaz. O castigo na prisão, especialmente, deveria ser inserido em uma conjuntura da qual fizesse parte a instrução ética que incluiria a doutrina do karma. Na ausência dessa condição, o efeito repressivo da punição é suficiente apenas para fazer dela um sucesso e um fracasso.

&

Oponha-se às tendências nocivas

Os erros e as dívidas de vidas anteriores ainda não saldados estão presentes hoje para nos assediar. Se quisermos nos livrar deles, precisamos nos libertar do nosso ego ou então gerar pensamentos e ações de caráter oposto.

☙

Quem de nós tem o poder de alterar as conseqüências de ações anteriores? Podemos nos corrigir, arrepender-nos e fazer penitências. Podemos nos opor a elas praticando boas ações contrárias àquelas. Porém, faz parte das atribuições do karma nos fazer sentir responsáveis pelo que fazemos e não podemos fugir a essa responsabilidade. Em um certo sentido, contudo, existe um grau de liberdade e um poder de criatividade que pertencem ao Eu Superior divino existente em cada um de nós.

☙

O que aconteceu, aconteceu e não há nada que possamos fazer a respeito. Não podemos reescrever o passado, não podemos reparar as ações erradas que praticamos, as mágoas que causamos ou os desgostos que ocasionamos tanto aos outros quanto a nós mesmos. No entanto, embora os registros passados não possam ser alterados, nossa atitude atual diante deles pode ser modificada. É possível aprender lições com o passado, aplicar a ele a sabedoria, tentar melhorar a nós mesmos e as nossas ações, criar um karma novo e melhor. Acima de tudo, depois disso feito, podemos nos libertar totalmente do passado e aprender a viver no eterno presente, ao nos voltarmos para o verdadeiro Ser, a consciência do Eu sou e não do eu era.

☙

Se você quer modificar o seu karma, comece por mudar sua atitude: primeiro, com relação aos acontecimentos externos, às pessoas e às coisas; segundo, com relação a si mesmo.

☙

Para compensar os efeitos kármicos de uma má ação, pratique a ação oposta; e com relação aos maus pensamentos e palavras, deliberadamente cultive os do tipo oposto. Se você tirou algo de uma pessoa, dê voluntariamente a ela uma coisa de igual ou maior valor.

Mesmo que na verdade não possamos, por vontade própria, afastar o mau karma, é igualmente verdade que podemos equilibrá-lo com um bom karma e assim compensar os resultados. Buda, que foi um dos maiores expoentes da doutrina do karma, salientou que o pensamento correto e as boas ações poderiam transformar as punições kármicas em bênçãos.

A concentração persistente em uma idéia exercerá, por assim dizer, uma pressão de dentro para fora, e poderá lentamente alterar seu destino kármico material. O karma é ao mesmo tempo pensamento e conduta, desejo e ação. Um é a semente que dá origem ao outro e não podem ser separados. É esse registro silencioso e secreto na Mente-do-Mundo que torna possível a ação do karma, assim como o som codificado em um disco possibilita a reprodução desse som.

❧

O que nos leva a agir de uma certa maneira é em parte a pressão do ambiente e em parte a sugestão do nosso passado. Às vezes uma é mais forte, às vezes a outra. Mas a origem do problema repousa na nossa mente. Cultivá-la adequadamente nos liberta das duas compulsões.

❧

Ao observar nossa vida de pensamentos, deixando de fora as idéias negativas e cultivando as positivas, cheios de confiança nas leis superiores, efetivamente iniciamos processos que acabam por melhorar a vida exterior.

O que retarda a atuação do seu pensamento dinâmico na modificação do seu ambiente ou alteração do seu caráter é o peso do seu karma passado. Mas trata-se apenas de um atraso: se você mantiver a pressão da concentração e do propósito, seus esforços acabarão por dar frutos.

Quanto mais amável você for para com os outros, mais o comportamento deles com relação a você refletirá pelo menos algumas dessas qualidades. Quanto mais você melhorar suas condições mentais e morais, mais suas relações humanas trarão de volta um eco dessa melhora.

Quando toda a maldade e inveja são resolutamente expulsas de sua natureza, não apenas você lucrará com isso, melhorando seu caráter e tornando seu karma mais leve, mas também aqueles que possam ter sido vítimas de suas palavras mordazes ou pensamentos ofensivos.

A lei das conseqüências é imutável e não resulta de um capricho, mas seus efeitos podem às vezes ser modificados ou até neutralizados por meio de ações e pensamentos opostos. Isso envolve, por sua vez, uma mudança acentuada no rumo da vida. A tal mudança damos o nome de arrependimento.

O karma não elimina totalmente a liberdade, mas a limita. Se os resultados atuais de antigas causas aprisionam você, novas causas podem ser iniciadas e outros resultados obtidos por meio de uma melhora no caráter e de um desenvolvimento da inteligência.

✍

Todos temos que suportar as conseqüências de nossas ações passadas. Nada pode ser feito com relação a isso. Mas, na verdade, há boas e más ações. Podemos, até certo ponto, anular essas conseqüências por meio de novas ações contrárias; mas o quanto isso será possível irá necessariamente variar de pessoa para pessoa. Aquelas que têm conhecimento e poder, que são capazes de praticar a meditação profunda e dominar seu caráter, necessariamente terão resultados mais efetivos do que as demais.

✍

O grau de reversão das conseqüências negativas de suas ações será proporcional à sinceridade de seu arrependimento, à recusa em aceitar justificativas para si próprio, ao esforço para mudar seu modo de pensar e às providências práticas que você voluntariamente tomar para desfazer o mal praticado no passado.

✍

O que você atraiu para si poderá ter um fim por si mesmo se você descobrir a qualidade positiva que é preciso desenvolver na sua atitude para substituir a característica negativa.

✍

Na construção do nosso futuro, o resultado misto provém do caráter misto e contraditório dos pensamentos, sentimentos e desejos que habitualmente nutrimos. Por conseguinte, nossos medos podem contribuir para tornar realidade aquilo que não desejamos. Eis uma das vantagens das afirmações positivas e decisões bem definidas com relação ao futuro.

Há ocasiões em que é sábio ou prudente praticar a submissão estóica, mas em outras, é necessário lutar contra os acontecimentos ou o ambiente.

Mesmo que determinados infortúnios estejam previstos no nosso destino e não possam ser evitados pelo esforço, algumas vezes é possível minimizá-los por meio da prudência.

Você pode fazer tudo para modificar o destino, mas embora algumas vezes possa ter sucesso, em outras isso poderá não acontecer. Você não pode, por exemplo, alterar a cor da sua pele, mas o tipo de experiências pelas quais passarão pessoas da sua cor dependerão, até certo ponto, da influência que isso tem e de seu caráter, e sua reação emocional a elas estará certamente sujeita a esses fatores.

Não há motivo para pessimismo quando sua carreira parece estar diante de obstáculos insuperáveis e quando você parece ter chegado a um impasse que o deixa extremamente frustrado. Nessas ocasiões, você precisa se lembrar de que o karma pode começar a executar seus próprios planos e que você talvez possa dar um novo rumo às suas atividades. Você deveria fazer o possível para *criar* oportunidades específicas, encurtando assim o tempo de

106 O QUE É O KARMA?

espera. O aspirante evoluído não se encaixa nas categorias convencionais e é por esse motivo que você precisa traçar um novo caminho para si mesmo. É preciso coragem, fé, imaginação, intuição e a habilidade para reconhecer as oportunidades kármicas e delas tirar o melhor proveito possível.

⁂

Uma forma correta de sempre encerrar suas orações poderia ser um pedido de orientação e, às vezes, de perdão. Esse pedido só se justifica, entretanto, se não interferir no karma, e somente se houver reconhecimento do mal praticado, percepção de uma fraqueza pessoal, confissão levando ao arrependimento e um verdadeiro esforço para reparar sua falta e melhorar seu caráter. As eternas leis do karma não irão deixar de atuar apenas por causa de um pedido e não podem violar a sua própria integridade. Elas são impessoais e não podem ser induzidas a conceder privilégios especiais ou favores arbitrários a quem quer que seja. Não existe uma maneira fácil de escapar delas. Se quiser evitar as conseqüências nocivas dos seus pecados, você terá de recorrer a essas mesmas leis para ajudá-lo, em vez de afrontá-las. Você precisa desencadear uma série de novas causas que produzirão novas e mais agradáveis conseqüências que poderão agir como um antídoto para as anteriores.

⁂

Há um segredo gratificante inerente ao compromisso de serviço à humanidade. Quem se dedicar a esse serviço, inevitavelmente receberá um dia um retorno automático, pois outras pessoas se mostrarão prontas a ajudá-lo. O karma é uma lei divina que nos devolve o que demos aos outros. A extensão e a profundidade do seu serviço determinarão a extensão e a profundidade do que a humanidade irá retornar a você. Somente a forma da retribuição será diferente, pois ela dependerá tanto das circunstâncias predominantes quanto do seu desejo subconsciente e consciente. Ela poderá assumir uma forma apenas mental ou emocional. O que se apreende disso é que o altruísta sábio nada perde no final por seu altruísmo, embora o altruísta insensato possa perder muito em função das conseqüências kármicas de sua insensatez.

São Paulo, seguindo o mestre que ele nunca chegou a ver, mas que conheceu muito bem em espírito, colocou a compaixão acima de todas as virtudes. Será que os poucos que tentam ser verdadeiros cristãos estão simplesmente perdendo seu tempo, pelo menos nesse ponto? É o que dizem os yogues que acreditam que devemos abolir todo o esforço de servir e nos concentrar apenas na auto-realização. No entanto, nem Jesus, nem Paulo eram meros sentimentalistas. Conheciam o poder da compaixão na dissolução do ego. Por conseguinte, ela fazia parte do seu código moral. Também conheciam outra razão pela qual deviam praticar a conduta altruísta e adotar atitudes nobres. Se seguirmos seus passos, podemos antecipar o fim da ação de um mau karma ou até mesmo impedir uma punição que, de outro modo, seria inevitável.

Aceite, tolere, supere

Cada um de nós tem seu fardo de mau karma. O tipo de karma e sua intensidade são importantes, mas o mais importante é a maneira como o suportamos.

A filosofia jamais estimula uma atitude passiva com relação à lei da retribuição, mas ela não comete o erro das enganosas escolas de pensamento que alimentam falsas esperanças.

Até um certo momento, o curso do destino de uma pessoa pode ser influenciado e até mesmo controlado por ela, mas a partir desse momento isso não mais ocorrerá.

É sábio aceitar o inevitável, mas antes é necessário ter certeza de que se trata realmente do inevitável. Há ocasiões em que é mais sábio lutar contra o destino como um tigre capturado e outras em que é mais sensato permanecer imóvel diante dele, como um gato junto à lareira.

Resignar-se às circunstâncias, adaptar-se ao ambiente, render-se ao inevitável e aceitar o irrevogável, mesmo que de forma relutante, são atitudes tão aceitáveis quanto o uso decidido do livre-arbítrio.

Faz parte da sabedoria aprender quando devemos enfrentar destemidos as dificuldades e quando devemos evitá-las por meio da paciência ou da astúcia. Existe um momento certo para todos os acontecimentos. Se estes vierem a ocorrer cedo demais, boas e más conseqüências poderão se mesclar, da mesma forma que se vierem a ocorrer tarde demais. No entanto, se tivermos a paciência de esperar pelo momento certo, e a sabedoria para reconhecê-lo, os resultados serão exclusivamente bons. O karma entra em ação tão logo ocorra uma adequada combinação de fatores.

Esforçar-se para alcançar uma meta louvável, mas resignar-se a abandoná-la se o destino for contrário à sua realização, não é a mesma coisa que simplesmente nada fazer e deixar essa meta totalmente ao encargo do destino. Eliminar em si próprio as causas evitáveis de infortúnios e problemas, mas suportar com discernimento aquelas que constituem o inevitável na vida humana não é o mesmo que não se ocupar dessas causas, aceitando cegamente seus efeitos como destino.

⚘

Fazer tentativas na direção errada nos atrapalha; fazê-lo na direção certa nos ajuda. É inútil rebelar-se contra o destino, mas aceitá-lo e corrigi-lo é benéfico.

⚘

Se em algumas ocasiões você deve resistir tenazmente aos desígnios do karma, em outras você deve submeter-se com resignação a eles. Se você não tiver aprendido a lição que o ensina a deixar que as coisas aconteçam quando têm que acontecer, cada esforço que você fizer no sentido de resistir a essas determinações só lhe acarretará uma dor adicional e desnecessária. Você não deve se rebelar cegamente contra elas. Saber qual o caminho a tomar às vezes é algo que você mesmo tem que deduzir. Nenhum livro pode lhe ensinar isso, mas sua intuição confirmada pela razão, ou sua razão iluminada pela intuição poderá fazê-lo.

Você deve cuidadosamente distinguir tal intuição da pseudo-intuição, que é um mero eco dos seus complexos emocionais, preconceitos inatos ou desejos que você gostaria de ver realizados. A primeira é o sussurro autêntico do seu Eu Superior. O eterno Eu Superior mantém registrado, por assim dizer, as inúmeras lembranças de suas diversas personalidades, de modo que elas existem e não existem ao mesmo tempo. Ele determina apenas o que você karmicamente mereceu durante essas vidas sucessivas, o que é sempre uma compensação justa, das características que você tenha manifestado por meio de suas ações. E como o Eu Superior é a origem desse ajuste kármico, pode-se dizer que cada um de nós é verdadeiramente seu próprio juiz, pois nunca devemos nos esquecer de que o Eu Superior é fundamentalmente o nosso eu central; ele não é algo estranho ou distante de nós.

※

De que adianta nos enganarmos com frases estimulantes a respeito da nossa liberdade para moldar a vida ou afirmações enfáticas a respeito de nossa capacidade para criar o nosso destino? A verdade é que o karma nos mantém aprisionados, que o passado nos cerca por todos os lados e que quanto mais velhos ficamos, menor se torna o raio de ação da pouca liberdade que nos resta. Devemos, sem dúvida, fazer todo o possível para moldar o futuro e corrigir o passado, mas também devemos nos resignar a suportar com sabedoria o que irá nos acontecer, independentemente do que fizermos.

※

Um fatalismo esclarecido e qualificado não nos conduz necessariamente à paralisia da vontade e à passividade do cérebro. Ele enfatiza que não devemos nos lamentar se nada pudermos fazer para mudar nossa sorte para melhor ou para pior, nem nos impede de querer modificá-la. Não — a submissão ao destino que a doutrina prega não é menos esclarecida e qualificada do que ela mesma. Seu efeito sobre aqueles que não apenas acreditam nela mas que também a compreendem é o de um equilíbrio entre a humilde resignação e a resistência determinada, a da avaliação correta de todas as situações de forma que o que é verdadeiramente inevitável e o que pode ser alterado pelo indivíduo sejam vistos como realmente são. Ela se submete à vontade de Deus, mas não nega a existência da nossa própria vontade.

Podemos encarar a derrota com um espírito de amargo ressentimento ou de melancólico pessimismo. Ambas as atitudes são totalmente inúteis. Existe uma terceira maneira, bem melhor do que as anteriores: fazer com que a derrota sirva de ponto de partida para o nosso crescimento. Primeiro, isso pode ser feito, de bom grado, por meio de uma minuciosa auto-análise e uma sincera disposição de descobrir as falhas e admitir os erros; segundo, pelo arrependimento por meio de ações visando reparar o mal feito e pela busca de uma nova perspectiva.

Se as obrigações kármicas tiverem de ser cumpridas, isso pelo menos não será feito em total ignorância, mas sim com resignação em vez de ódio, e com a esperança de uma realização mais elevada.

Você talvez tenha que aprender a se conformar com o que não pode controlar ou evitar. Isso é resignação, que é o verdadeiro significado de Islã, religião dada ao mundo por Maomé. No entanto, mesmo que você tenha de aceitar certas coisas, isso não significa que essa aceitação implique a sua aprovação. Significa antes que você deve deixar de queixar-se ou de se preocupar com elas.

Mesmo que sua intuição o avise de um acontecimento iminente que você sabe ser predeterminado e inevitável, isso não deve impedir que você faça todo o possível para se proteger e, desse modo, sofrer menos do que sofreria se não tomasse essas medidas. Esse aviso só pode ser útil e evita que você seja tomado pelo pânico que pode dominar as pessoas que têm medo do inesperado.

⁊

Por vezes, o karma nos impõe provas e sofrimentos nada agradáveis de suportar. Não obstante, eles têm algo a nos ensinar — mesmo que seja apenas a velha lição de precisarmos encontrar uma vida interior mais satisfatória para compensar a transitoriedade e as vicissitudes da vida exterior. Não podemos evitar essas provas enquanto vivermos na Terra, porém podemos ter a esperança de compreendê-las e eventualmente até dominar as reações emocionais a elas. Nisso residem a paz e a sabedoria.

⁊

Há sempre uma parte de nós ou de nosso destino que permanece totalmente fora do nosso controle. Não importa o que façamos, não conseguimos alterá-la. É então mais prudente reconhecer a inevitabilidade dessa condição do que desperdiçar nossa energia em uma luta inútil. Algumas vezes é possível até transformar isso numa vantagem para nós. Mas como saber que existe essa inevitabilidade, essa determinação do destino? Pelo fato de que por mais que você se esforce para alterar a condição existente, você não tem sucesso.

⁊

Constatamos por meio da experiência que, interna e externamente, existe para nós um certo traçado do destino que deve ser cumprido. Inútil é a tentativa de ir além; sábio é aceitar permanecer dentro dos seus limites. Devemos deixá-lo entregue à direção principal que nossa vida mental e física precisa tomar. Os pensamentos que mais irão nos perturbar e os principais acontecimentos de nossa vida já estão delineados nesse traçado. No entanto, nada é arbitrário com relação a isso, pois os pensamentos e os acontecimentos estão relacionados, e ambos estão por sua vez ligados a um nascimento anterior na longa série que forma a vida humana neste planeta.

⚜

Se é assim que a sua vida tem que ser, se assim estão distribuídas as cartas do seu destino e se a voz interior lhe ordena que aceite a situação depois que a voz exterior o conduziu a infrutíferas tentativas de alterá-la, deve haver então uma razão clara para que as coisas sejam dessa maneira. Tente descobrir que razão é essa.

⚜

Aceite plenamente e sem hesitar o karma que você criou, abstendo-se inclusive de pedir que seus pecados sejam perdoados, pois esse karma é apenas um resultado justo. Em vez disso, peça que lhe seja mostrado como superar a fraqueza que o originou.

⚜

Quando você aceita o sofrimento por acreditar que ele contém uma mensagem que você precisa aprender, você é capaz de suportá-lo com dignidade em vez de amargura.

⚜

Precisamos aprender a aceitar as situações, a renunciar voluntariamente ao que o destino decidiu tirar de nós. Tal aceitação é a única maneira de encontrar a paz e o único caminho efetivo em direção à felicidade duradoura. Precisamos deixar de encarar nossos bens pessoais e nossos relacionamentos como algo permanente.

114   O QUE É O KARMA?

❧

Há forças que predeterminam nosso destino e precisamos saber, como Napoleão, quando vencer batalhas pela retirada, submetendo-nos à determinação do destino. No último capítulo do livro *The Hidden Teaching Beyond Yoga*, uma técnica utilizada pelos melhores pugilistas era recomendada como um excelente princípio para enfrentar os golpes inevitáveis de um mau ciclo kármico. Outro exemplo desse ponto que nos poderá ser útil é o jiu-jitsu, cujo princípio é conquistar o adversário cedendo a ele de uma forma tão habilidosa que ele se vê forçado a usar a própria força para derrotar a si mesmo ou para causar dano aos próprios músculos. Desse modo, podemos vencer um mau karma impossível de ser alterado; sujeitando-nos a ele durante algum tempo, mas depois extraindo dele uma grande sabedoria e uma transformação que nos possibilitam uma maior elevação.

❧

Depois que você tiver feito essa entrega, feito o possível como ser humano, entregando por completo os resultados ao Eu Superior, quando tiver analisado repetidamente suas lições e as tiver levado para dentro do coração, o problema não será mais seu. Você estará livre dele, mentalmente liberado de seu karma, qualquer que seja a situação externa. Você saberá, então, que o que quer que venha a acontecer será, em última análise, para o bem.

❧

Uma situação matrimonial complicada poderá por si só mudar totalmente para melhor ou, ainda, um segundo casamento poderá vir a ser mais feliz, se houver uma melhora significativa dos pensamentos, capaz de alterar o karma em questão.

❧

Você não se libertará karmicamente de um relacionamento desagradável enquanto não tiver se libertado mentalmente de todos os pensamentos e atos negativos relacionados com ele. Somente então, as forças kármicas externas o libertarão ou lhe será mostrado internamente como conseguir isso.

Não é necessário que você permaneça casado para pagar um débito kármico mas, por outro lado, você também não é livre para seguir seus desejos pessoais neste campo. É um erro julgar que esse débito deva continuar a ser saldado até o final da vida. No entanto, ele deve ser pago para que sua vida e seu caminho interior não sejam obstruídos. Somente a voz da sua consciência mais profunda poderá determinar esse momento.

Não raro as situações próprias da vida familiar reúnem duas almas cujo relacionamento kármico não é de amor e sim de inimizade. Elas podem ser reunidas como irmão e irmã, ou mesmo como marido e mulher. Qual deve ser a atitude filosófica de uma com relação à outra? Se tomarmos um exemplo concreto e considerarmos o caso de uma discórdia conjugal, sem preconceito com relação aos métodos práticos como a separação ou o divórcio — por vezes necessários — podemos dizer que o parceiro esclarecido deve encarar o outro primeiro, como um agente revelador que define claramente seus defeitos e, segundo, como um laboratório onde ele pode fazer experiências, visando a erradicação desses defeitos. Assim sendo, se a esposa freqüentemente tem acessos de raiva, ou é exageradamente ranzinza, o marido não deve permitir que essas provocações estimulem sua raiva e sim seu autocontrole; a falta de consideração da mulher não deve despertar uma atitude semelhante nele e sim um respeito ainda maior. Dessa maneira, a situação provocada pela conduta da esposa pode ser transformada em uma oportunidade para que coisas mais elevadas ocorram. Cada briga doméstica, por mais insignificante que seja, deve fazer com que o marido revele parte dos aspectos divinos que tem dentro de si. Mesmo supondo que os dois sejam radicalmente incompatíveis um com o outro e que mais cedo ou mais tarde terão que se separar, a infelicidade assim causada deve ser usada pelo parceiro esclarecido para que ele se mostre mais determinado a não depender das coisas externas para ser feliz e a se apoiar mais nas alegrias interiores que somente a parte superior da mente é capaz de produzir. Além disso, o parceiro esclarecido deve fazer o outro compreender que este está expiando um karma passado que foi adquirido pela impulsividade, pela ignorância ou paixão.

5

O KARMA E A GRANDE LIBERTAÇÃO

Os privilégios da iluminação só podem ser justificados com base no karma. Como intuiu o poeta: "O que é meu, virá a mim."

≈

Assim como temos que olhar para o mundo de duas maneiras, percebendo seu significado imediato e supremo, também precisamos alcançar a iluminação de duas maneiras, por nossos próprios esforços criativos e pela Graça.

≈

Ninguém é excluído do primeiro toque da Graça que nos coloca no caminho da Busca. Todos podem recebê-lo e, no final, todos o recebem. No entanto, vemos em toda parte inúmeros indícios de que a pessoa não estará pronta enquanto não tiver uma certa experiência do mundo, suficientes frustrações e desapontamentos que a obriguem a fazer uma pausa e a tornar-se mais humilde.

≈

Alcançar a consciência do Eu Superior é algo que só pode acontecer por meio da Graça. No entanto, existe uma relação entre isso

118   O QUE É O KARMA?

e o esforço que o precedeu, muito embora essa relação não seja exata, definitiva e universalmente válida.

Os aspirantes que dependem exclusivamente do próprio esforço para sua evolução sentirão um dia a necessidade de que um poder externo lhes conceda o que não conseguem obter por si mesmos. A tarefa que tomaram a seu cargo não pode ser perfeita ou completamente realizada apenas por eles. Assim, acabarão por ter de se ajoelhar e suplicar a Graça. O ego não pode salvar a si mesmo. Por quê? Porque secretamente ele não deseja essa salvação, pois ela representaria sua extinção. Assim, a não ser que você obrigue o ego a invocar a Graça, todos os seus esforços trarão apenas um resultado parcial, jamais um resultado plenamente satisfatório. Aqueles que afirmam que a idéia da Graça viola o conceito da lei universal não a examinaram com a devida profundidade. O que ocorre é exatamente o oposto, ou seja, a idéia da Graça satisfaz a lei do esforço individual da mente, na qual eles acreditam, complementando-a com a lei da atividade da Mente Universal que existe dentro de cada pessoa e na qual eles também deveriam acreditar. Deus não pode ser separado da humanidade, pois esta não vive no vácuo.

O destino do ego é ser elevado até o Eu Superior, e nele se extinguir, ou mais corretamente, nele transcender a si mesmo. No entanto, como o ego não dará de bom grado fim à própria existência, um poder externo precisa intervir para realizar essa elevação. Esse poder é a Graça e essa é a razão pela qual a descida da Graça é imperativa. Apesar de toda a sua aspiração e orações, apesar de suas afirmações e auto-recriminações, o ego não deseja a ascensão final.

O esforço pessoal constante pode diminuir o egoísmo, mas não eliminá-lo. Esse ato final é impossível porque o ego não cometerá de boa vontade o suicídio. O que o esforço individual pode fazer é preparar o caminho para uma outra força capaz de aniquilá-lo, tornando assim a operação oportuna e passível de ser bem-sucedida. Além disso, esse esforço melhora a inteligência, a intuição e o caráter, além de preparar o indivíduo para atrair essas forças. Estas nada mais são do que o perdão, a cura e, especialmente, os poderes transformadores da Graça.

De que maneira pode o esforço individual do ego proporcionar a grande iluminação? Ele só pode abrir o caminho para ela, purificar os veículos e remover as fraquezas que impedem sua manifestação. Mas a luz da sabedoria é própria do ser mais profundo — a Alma — e portanto somente ela pode trazer essa luz até você. Como pode o ego dar ou alcançar algo que pertence ao Eu Superior? Ele não pode. Apenas o divino pode dar o que é divino, ou seja, a iluminação só pode ser alcançada por meio da Graça, por mais que você se esforce para isso.

Somente quando seus esforços o tiverem levado a um certo ponto, eles serão postos de lado ou aos poucos afastados por um outro poder — seu Eu Superior. O que realmente acontece é que a energia ou poder que você está usando se ativa espontaneamente e é isso que lhe possibilita agir e atingir seu objetivo. O ponto mais importante é que o poder ativo não é a sua vontade e sim uma visita direta do que podemos chamar de Graça. Essa experiência do poder superior ou Eu Superior é intensamente sentida.

120   O QUE É O KARMA?

A inércia espiritual que faz com que a maioria das pessoas não se interesse pela Busca é algo que elas não procurarão superar por iniciativa própria. A vida, portanto, deve fazer isso por elas. Seu principal método é infligir a elas a dor, a perda, o desapontamento, a doença e a morte. Mas essas adversidades não são arbitrárias e sim causadas pelo karma, são intermitentes e não contínuas, entremeadas de alegrias e não totalmente desalentadoras. Por esse motivo, o resultado tarda a aparecer.

*

Em certos casos, quando uma pessoa destinada a um grande avanço no caminho espiritual voluntariamente se recusa a ingressar nele ou adia esse ingresso para um período posterior, o Eu Superior com freqüência toma parte ativa no jogo e libera o karma de ambições frustradas, esperanças não concretizadas e até de uma doença. O caminhante então desesperado, angustiado ou atormentado, bebe da taça da renúncia voluntária ou veste os trajes maltrapilhos da abnegação. A força do seu ego diminui em função do sofrimento. Seu verdadeiro inimigo no caminho é o "Ego", pois ele é a causa tanto do sofrimento material quanto da angústia mental, bloqueando também o portal para a verdade. Quanto mais o curso dos acontecimentos o deprime, mais ele aprende a sair da depressão entregando-se à contemplação espiritual. Para o adepto do misticismo, encontrar dessa maneira uma paz temporária é suficiente; mas para o adepto do misticismo filosófico, isso não basta. Este último precisa inserir na sua contemplação a reflexão sobre o significado do que lhe aconteceu. Depois de alcançar essa percepção impessoal, ele poderá contemplar o seu passado e compreender o porquê de tudo isso ter acontecido.

Além do karma pessoal

A ação do seu karma jamais terminaria se seu egoísmo também não chegasse ao fim. Seria um círculo vicioso do qual seria impossível escapar. Mas, quando o sentido de individualidade, que é a causa e a essência do karma, é abandonado, o karma não cumprido também o é.

❦

Há dois tipos de imortalidade (enquanto o eu inferior domina a consciência): o primeiro é a "infindável" evolução do ego que gradualmente se desenvolve por meio de suas múltiplas manifestações; o segundo é a verdadeira imortalidade do eterno e imutável Eu Verdadeiro — ou Eu Superior — que é eternamente subjacente e que sustenta esse ego.

Minha referência ao fato de que não devemos nos agarrar ao ego significa simplesmente que precisamos aprender a arte de liberar o que é transitório em nós mesmos e em nossa existência, ou seja, o que só pode sobreviver temporariamente. A Verdadeira Individualidade, a sensação e o sentimento de simplesmente Existir, não pode perecer e é a verdadeira imortalidade. A ninguém é pedido que deixe de gostar e de se interessar pelas "coisas": todos podem continuar a apreciá-las, desde que se compreenda que são transitórias e não se iludam a ponto de supervalorizá-las. Os profetas apenas dizem que a vida eterna não pode ser encontrada nas coisas.

❦

Poderia haver esperança para a humanidade se não existisse a Graça, apenas o karma? Se foi preciso tantas eras para acumular o fardo kármico que hoje carregamos, será preciso um período de tempo semelhante para nos desembaraçarmos dele. A difícil tarefa continuará através de cada reencarnação até que cada um de nós morra repetidas vezes, a não ser que o responsável pela acumulação do karma, o ego, não esteja mais presente. Mas, é impossível eliminar o ego por seus próprios esforços. Isso se torna possível pelo não-esforço, por sua rendição, por permitir a entrada do Poder Superior e por deixar de reivindicar uma identidade pessoal. Quando isso acontece, é por obra da Graça e não uma realização nossa.

$$\mathcal{L}\mathcal{G}$$

O segredo supremo da Graça não pode ser desvendado por aqueles que desconhecem que as encarnações anteriores contribuem para ela. Algumas pessoas só a recebem após anos de ardente aspiração e muito trabalho, ao passo que outras, como Francisco de Assis, a recebem sem terem aspirado por isso. Os candidatos comuns não podem se permitir aventurar-se nessa questão, nem correr o risco de desperdiçar uma vida inteira esperando pela improvável visita da Graça. Seria melhor que eles se oferecessem por inteiro ao Eu Superior, a Ele dedicassem sua vida e entregassem seus amores, numa arrebatadora paixão pelo Eu Superior, se quiserem que o poder da Graça desça sobre eles. Se forem incapazes de se entregar tão inteiramente, há uma segunda opção que é encontrar alguém que tenha recebido a Graça divina e por ela tenha sido transformado interiormente. Que se tornem seus discípulos, pois terão mais chance de a Graça descer sobre eles do que se caminhassem sozinhos.

$$\mathcal{L}\mathcal{G}$$

O anseio de nos libertarmos das limitações do destino pessoal e das circunstâncias externas compulsórias só pode ser satisfeito se perdermos a consciência do tempo.

$$\mathcal{L}\mathcal{G}$$

É extremamente perigoso adotar uma atitude passiva de *suposta* submissão da nossa vontade, atitude essa freqüentemente assumida por um grande número de místicos e religiosos fanáticos. Existe uma profunda diferença entre uma vida de pseudo-renúncia e uma vida de verdadeira dedicação. É fácil desvirtuar a frase "Seja feita a tua vontade". Jesus, por meio do seu exemplo, conferiu a essa frase um significado firme e positivo. Por conseguinte, ela será mais bem compreendida se atribuirmos a ela o seguinte significado: "Tua vontade será feita *por mim*." Uma ampla experiência revelou quantas foram as pessoas que degeneraram em um fatalismo degradante na ilusão de que estavam cooperando com a vontade de Deus; quantas foram aquelas que, em razão da própria ignorância, negligência, fraqueza e más ações, não fizeram nenhum esforço para corrigir as conseqüências dos seus atos e, portanto, tiveram que suportar o peso total do sofrimento envolvido; quantas deixaram de aproveitar a oportunidade oferecida por esses sofrimentos para que reconhecessem que eles se originaram de seus próprios defeitos ou falhas e fizessem a tempo uma auto-análise para tomar consciência deles e assim evitar a repetição do mesmo erro. É extremamente importante seguir esse conselho. Muitos aspirantes, por exemplo, sentiram que o destino os obrigou a executar tarefas inúteis em ambientes desarmoniosos, mas quando seu entendimento filosófico amadurece, eles começam a perceber o que antes não conseguiam ver, ou seja, o significado kármico mais profundo dessa tarefa, a verdadeira função educativa ou punitiva daqueles ambientes. Quando percebem tudo isso, podem iniciar o trabalho de libertar-se, e devem fazê-lo por respeito a si próprios. Cada vez que você pacientemente afasta um pensamento errado ou tolo, você aumenta sua força interior. Cada vez que você corajosamente enfrenta a adversidade, fazendo uma avaliação tranqüila e impessoal da lição que ela encerra, você amplia sua sabedoria interior. Aquele que de forma sábia e com autocrítica assim procede pode, então, seguir adiante, com segurança exterior e interior, esperançoso e sem temor, pois, agora está consciente da amorosa proteção de seu Eu Superior. Se você se der ao trabalho de compreender, de um modo inteligente, as lições educativas ou punitivas que os males da vida encerram, você poderá então — e somente então — dominá-los, se no exato momento em que eles surgirem você se voltar imediatamente para dentro de si e compreender com firmeza que a divindade em seu interior lhe oferece refúgio e harmonia. Esse duplo processo é sempre imprescindível e as falhas da Ciência Cristã são parcialmente conseqüência do fato de ela não compreender essa necessidade.

*

Por meio da Graça, os erros passados podem ser perdoados para que a cura atual possa ser aceita. Na alegria dessa Graça, o sofrimento por antigos erros poderá ser banido para sempre. Não volte ao passado; viva apenas no eterno Agora, em sua paz, amor, sabedoria e força.

*

Ao entrar em sintonia com a consciência do Eu Superior, você se verá compelido a abandonar sua posição anterior de livre-arbítrio e livre escolha — pois você não mais existe apenas para agradar ao ego. O fator regulador é agora o próprio Eu Superior.

*

Suas tendências inatas ainda podem estar presentes por algum tempo, pois elas constituem seu karma, mas a Graça as mantêm sob controle.

*

Quem agir de modo a se tornar tão maleável a ponto de entregar sua vontade pessoal ao Eu Superior precisa necessariamente se desapegar interiormente das conseqüências pessoais de suas ações. Esse desapego é essencial, quer essas conseqüências sejam agradáveis ou desagradáveis. Ele liberta a pessoa do poder do karma, que não mais consegue apanhá-la em sua rede, pois "ela" não está presente. Sua consciência emocional que precede qualquer ação é sempre iluminada e caracterizada pela sublime serenidade, enquanto a consciência emocional da pessoa não esclarecida pode ser caracterizada por motivos tais como desejo de ego, ambição, medo, esperança, ganância, paixão, aversão e até mesmo ódio, e todos eles geram karma.

✍

A quietude da mente só poderá instalar-se se pagarmos um preço por ela, e parte desse preço é nos libertarmos da excessiva dependência das coisas externas. A mente precisa livrar-se de ansiedades e preocupações em vez de entregar-se a elas em impotente submissão. Isso servirá para invocar as forças protetoras e com elas colaborar. Toda a mágoa que nutrimos com relação a outras pessoas deve ser banida. Devemos dar amor, seja ele retribuído ou não, e devemos dá-lo igualmente aos fracos e aos fortes. Uma rica compensação interior aguarda os que são capazes de perseverar nessa atitude.

✍

O karma só entra em ação se o registro kármico for suficientemente forte e duradouro. No caso do sábio, pelo fato de ele tratar a vida como se fosse um sonho, e de ver além das aparências, todas as experiências são apenas superficiais. Sua profunda mente interior permanece intocada por elas. Por conseguinte, ele não cria nenhum karma a partir delas e, quando abandonar o corpo

126   O QUE É O KARMA?

por ocasião da morte, poderá encerrar para sempre o ciclo de nascimento e morte.

✍

Se você puder agir com atenção e ao mesmo tempo desapegar-se dos resultados das suas ações; se puder desincumbir-se de suas responsabilidades ou cumprir suas obrigações sem se deslumbrar com o sucesso ou se desesperar com o fracasso; se for capaz de viver no mundo, desfrutar seus prazeres e suportar seus sofrimentos, e mesmo assim permanecer resoluto na busca do que transcende o mundo, então você se tornará o que os indianos chamam de "karma yogue" e os gregos de "homem".

✍

Quando você tiver compreendido adequadamente o significado de seus sofrimentos e feito de forma correta os ajustes necessários no caráter, no entendimento e na ação, você poderá encontrar e manter aquele equilíbrio mental que é sinônimo de paz interior. Ao tornar suas essas verdades, você passará a enfrentar com firmeza as dificuldades da vida e com serenidade a inevitabilidade da morte. Desse modo, você aprenderá a estar com o coração destemido diante das dificuldades terrenas e com a mente serena em meio às alegrias mundanas, não porque você busque, como avestruz, esquecer as dificuldades ou rejeitar as alegrias, mas sim porque você procura entendê-las de maneira sábia. Segundo afirma um texto mongol, "aquele que experimenta a alegria e o sofrimento com a mente tranqüila tem profunda espiritualidade, embora exteriormente possa parecer uma pessoa do mundo".

É fácil confundir essa serenidade com uma mera presunção ou um otimismo superficial. Não se trata de presunção por existir uma consciência tanto dos defeitos de quem a possui quanto dos infortúnios da humanidade. Nem se trata de otimismo superficial pelo fato de essa serenidade originar-se da verdade e não de uma ilusão emocional. Trata-se de uma qualidade que emerge após uma longa prática filosófica. Ela sorri apenas porque compreende e não por estar se deleitando com uma boa sorte temporária.

❦

Ninguém consegue eliminar o karma simplesmente por negar intelectualmente a existência dele, como fazem os adeptos de determinadas seitas. No entanto, se eles primeiro enfrentassem seu karma com determinação, lidassem com ele, utilizassem-no para se aperfeiçoar e se desenvolver, e somente então reconhecessem a qualidade ilusória dele a partir do ponto de vista fundamental, a atitude deles seria correta. De fato, a tentativa dessas pessoas de rejeitar prematuramente o karma revela a disposição delas de se rebelar contra a sabedoria divina, de empreender uma busca míope e egoísta de uma conveniência de momento, à custa de negligenciar o dever de crescer espiritualmente.

❦

Resolva todos os assuntos da melhor maneira e, então, entregue o resultado ao destino e ao Eu Superior. De qualquer modo, não há nada mais a fazer. Você pode modificar seu destino, porém certos acontecimentos são inevitáveis, porque o mundo não nos pertence, mas sim a Deus. Você não pode saber antecipadamente quais são esses acontecimentos, portanto precisa agir de forma inteligente e intuitiva; mais tarde, você poderá descobrir quais são esses acontecimentos e aceitá-los. Não importa o que possa ocorrer, o Eu Superior estará presente e o ajudará a passar pelas dificuldades. Tudo o que acontece no que diz respeito à sua vida material acontece ao seu corpo, não ao seu verdadeiro

Eu. O pior é quando outras pessoas dependem de você. Mesmo assim, você deve aprender a confiá-las aos cuidados amorosos do Eu Superior, em vez de tentar colocar toda a carga sobre seus próprios ombros. Se ele pode cuidar de você, pode cuidar deles também.